AF330291

A. Tissandier
CAMBODGE-JAVA
Ruines khmères et javanaises
G. Masson. Editeur
Paris. 120 Bd St Germain
Phototypie Berthaud

À Monsieur A. Leclère

Cordial hommage de l'auteur

Albert Tissandier

Février 1896.

CAMBODGE ET JAVA

RUINES KHMÈRES ET JAVANAISES

485-95. — Corbeil. Imprimerie Éd. Crété.

PHNOM - PENH (CAMBODGE)

Vue du Tope de Phnom-Penh et des nouveaux jardins.

D'après nature. (page 5)

CAMBODGE ET JAVA

RUINES KHMÈRES ET JAVANAISES

1893-1894

TEXTE ET DESSINS

PAR

M. Albert TISSANDIER

CHARGÉ D'UNE MISSION PAR M. LE MINISTRE DE L'INSTRUCTION PUBLIQUE

30 PLANCHES HORS TEXTE ET 1 CARTE

32 GRAVURES ET PLANS

PARIS

G. MASSON, ÉDITEUR

120, BOULEVARD SAINT-GERMAIN

1896

PRÉFACE

'apprenais dès mon arrivée au Cambodge en août 1893, que la guerre entre la France et le royaume de Siam n'était point terminée. Venant en ces contrées par les États-Unis où j'avais vu l'exposition de Chicago, les Montagnes Rocheuses canadiennes et le pays de l'Alaska, puis passant par le Japon et quelques provinces de la Chine, les nouvelles de la France ne m'étaient que fort incomplètement connues. Aussi mon désappointement fut-il grand lorsque M. de Lanessan, alors gouverneur de l'Indo-Chine, écrivit à M. de Verneville, résident de France à Phnom-Penh, la capitale du roi Norodom, que je devais remettre à une autre époque mon voyage aux ruines Khmères situées dans le Cambodge siamois.

J'avais obtenu comme en l'année 1890 pour aller aux Indes, une mission de M. le Ministre de l'Instruction publique. Cette faveur gratuite comme la première fois, menaçait contre l'ordinaire d'être presque un obstacle à mes projets. Devenant dans ce pays un personnage cependant bien peu important, les dessinateurs n'étant guère dangereux, on ne pouvait me donner les papiers ni les recommandations nécessaires pour les frontières de Siam. La crainte des complications s'il m'arrivait quelques désagréments avec nos ennemis d'un moment, les Siamois, suffisait pour tout empêcher. La paix devait bientôt être signée, mais des événements imprévus pouvaient surgir encore. L'amiral Humann qui revenait de Siam, avec lequel j'eus l'honneur de passer la soirée chez le lieutenant-général de Saïgon, me confirme *de même la difficulté actuelle de mon voyage, les frontières n'étant point sûres par suite de la présence de soldats ennemis maraudeurs.*

— Un artiste comme vous, me disait-il avec amabilité, peut justement passer pour un espion puisqu'il lève des plans et regarde avec trop de soin *les endroits par lesquels il passe.*

Il fallait prendre un parti et surtout attendre. Je restai donc en territoire cambodgien où je pouvais visiter les ruines magnifiques situées près de la frontière au milieu des forêts, et qui sont connues sous le nom de Préa-Khane et de Beng-Méaléa. Le voyage en est moins aisé, mais en ce pays, j'avais des facilités, grâce à l'obligeance de M. A. Leclère, le résident de Kompong-Thom qui m'a aidé de ses conseils. Il m'a fait accompagner par des mandarins connaissant les forêts et par des hommes en qui je pouvais avoir confiance. J'avais en outre toutes les recommandations utiles pour mes excursions diverses.

Plus tard, en octobre 1893, revenu à Phnom-Penh, les difficultés étant levées avec le Siam, M. de Verneville me remit les papiers nécessaires pour le gouverneur siamois de Siem Réap. C'est alors que j'ai pu accomplir la partie la plus importante de mon voyage.

Je ne suivrai pas ici l'ordre véritable de mes excursions. Je les ai commencées par les raisons que j'ai dites plus haut, en visitant les ruines qui passent pour être les moins anciennes du Cambodge. Pour suivre leur ordre chronologique, je dois décrire d'abord la deuxième partie de mon voyage, celle qui concerne Angkor-Thom, Banh-Yong, Ta-próhm, etc., situées dans le Cambodge siamois, et continuer par les ruines de Beng-Méaléa et de Préa-Khane.

L'île de Java était aussi comprise dans ma mission, les ruines de Bouro-Boudor, de Prambanam, etc., termineront le récit de mes pérégrinations orientales, avec mon retour en France, par l'Australie.

Ce livre, résultat de plusieurs mois de travail, était sur le point de paraître ; il décrit les admirables monuments des anciens Khmers qui appartenaient en grande partie, lors de mon voyage, au gouvernement Siamois. Actuellement, à la suite des victoires Françaises et grâce à la dernière convention diplomatique Anglo-Française, datée du 15 Janvier 1896, tout est heureusement changé.

Les délimitations des frontières du Tonkin, de l'Annam et du Cambodge sont enfin arrêtées. La convention donne à la France le droit de rendre au royaume du Cambodge qu'elle protège, les restes de son antique capitale Angkor-Thom avec Angkor-Vat la pagode royale et les superbes ruines d'alentour. — Le roi Norodom, outre ces glorieux et artistiques souvenirs de ses ancêtres les Khmers, rentrerait en possession de Battambang et des riches campagnes environnantes, véritables greniers d'abondance de la contrée. Après la guerre de 1893, les Cambodgiens ne pouvaient comprendre que leurs protecteurs victorieux n'avaient pas su rendre à leur roi l'ancienne partie du territoire conquise autrefois par les Siamois. Ils verront aujourd'hui qu'il fallait prendre patience et ils sauront enfin se rendre compte que la France sait protéger ses amis d'une façon efficace.

En ce beau pays, l'influence Française va certainement s'accroître avec rapidité, grâce à cette convention qui semble pour toujours, assurer la paix.

Planche II

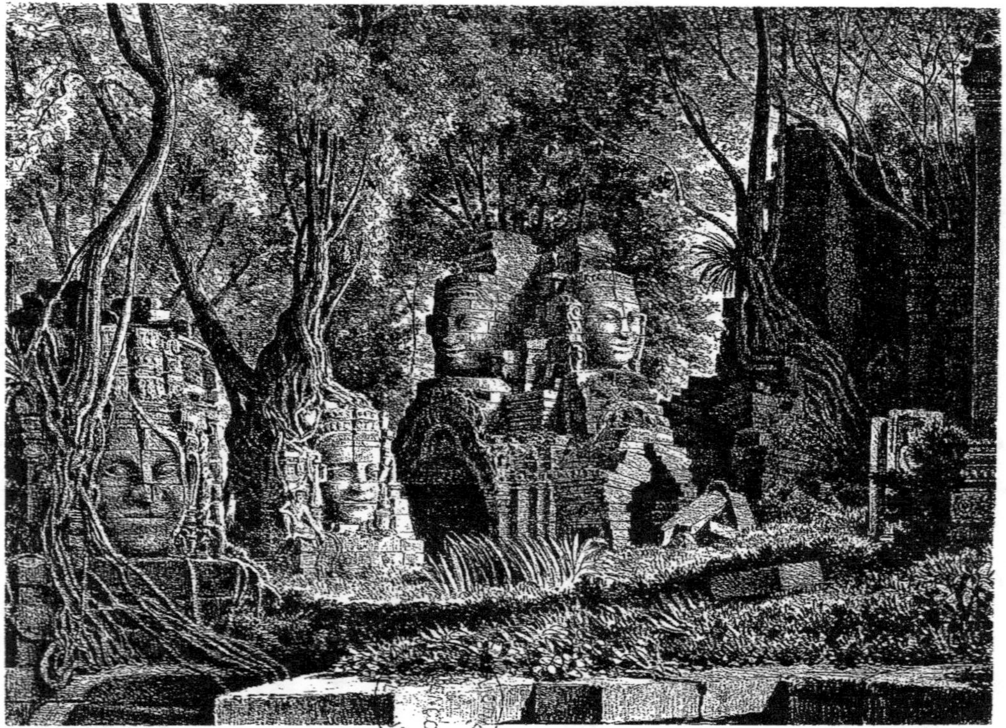

Phototypie Berthaud. 9, rue Cadet, Paris.

RUINES DE BANH-YONG (Cambodge Siamois)

Dômes aux quatre faces de Brahma, vus de la terrasse supérieure.

D'après nature (page 52)

CHAPITRE PREMIER

E voyageur prend souvent plus de plaisir à visiter une seconde fois des lieux qui l'ont d'abord charmé quelques années auparavant. Il en remarque mieux tous les détails et s'y intéresse davantage. En arrivant à Saïgon en août 1893, j'éprouvais cette sensation et j'étais heureux de constater que la jolie capitale de la Cochinchine avait prospéré. Son aspect m'a semblé plus agréable encore que lors de ma première visite en juin 1890.

Un monument luxueux s'est élevé, l'hôtel de la poste. Sa salle des pas perdus décorée avec goût, est vraiment confortable pour le public. Les bureaux et leurs annexes sont aussi appréciés et font à bon droit l'admiration générale. Des villas nouvelles et élégantes ont été construites, les promenades de la ville ont pris du développement. Malgré tous ces progrès, les nouveaux débarqués souhaiteraient comme moi sans doute, que la tranquillité, le calme administratif qui règnent toujours dans Saïgon, soient remplacés par un peu plus de mouvement commercial. C'est toujours seulement à Cholon, le célèbre quartier Chinois, qu'on trouve un centre industriel, le plus curieux qu'on puisse voir dans le pays. Le commerce y semble en pleine prospérité.

De Saïgon, pour gagner Phnom-Penh, les moyens de transport sont devenus fort pratiques. La Compagnie des messageries fluviales, fondée depuis l'année 1872, possède des bateaux à vapeur confortables qui vous mènent dans la ville du roi Norodom en trente-huit heures environ. Le voyageur, s'il le désire, peut s'épargner une nuit sur les deux qu'il doit passer sur le Mekong en prenant le train de chemin de fer qui quitte Saïgon le matin pour le conduire en trois heures, à travers les rizières et une campagne luxuriante, jusqu'à la ville de Mytho. Le steamer de la compagnie, parti la veille au soir de Saïgon, y parvient après votre arrivée, et séjourne toujours quelques moments pour donner aux passagers le temps d'embarquer.

On fondait de grandes espérances sur ce chemin de fer qui devait faire une concurrence sérieuse à la navigation fluviale, aussi la déception a été grande. Les voyageurs seuls, heureux de gagner du temps, aiment à se servir de cette nouvelle ligne. Le transit par eau restant toujours à meilleur marché, les maisons de commerce Européennes et Chinoises continuent à se servir de leurs jonques, qui partent du lieu de production, pour parvenir par les arroyos dans les entrepôts de Saïgon, sans avoir les ennuis de débarquer plusieurs fois leurs marchandises. Aussi les belles recettes attendues ne sont pas venues jusqu'à présent balancer les grosses dépenses sacrifiées pour la création de cette voie nouvelle.

Mytho était, il y a peu d'années encore, un lieu des plus malsains. Aujourd'hui, les marécages d'alentour ont été comblés ; les chaussées principales surélevées, et plantées d'arbres, sont devenues de belles avenues sous les ombrages desquelles on peut se promener à l'abri du soleil. Le quartier Européen, peu important il est vrai, est charmant avec ses habitations confortables et ses jolis jardins. Nos colons, grâce à l'initiative de leur administrateur, ont su faire de leur petite ville un séjour agréable.

Le commencement de septembre, époque qu'on m'avait conseillé de choisir pour exécuter mon voyage au Cambodge, est la saison des hautes eaux. Le Mekong sorti de son lit, s'étend fort loin dans les champs, inondant le pays. Les berges élevées qui bordent le fleuve durant la saison sèche, sont complètement cachées sous les eaux. Les maisons des villages, huttes primitives construites sur pilotis, quelques rizières et des champs de bananiers entourés d'arbres, émergent au-dessus de cette nappe d'eau immense. Le courant très rapide indique seul l'endroit où se trouve le véritable lit du fleuve dont les détours sont nombreux.

La chaleur du jour est étouffante, mais sur le beau steamer le *Battambang*, grâce à sa vitesse, on peut jouir d'une fraîcheur relative. Quelques jeunes dames françaises, habituées depuis plusieurs années au pays, étaient installées sur le pont du bateau. Bien garanties des ardents rayons du soleil par une tente de toile épaisse, à demi couchées dans leur large fauteuil de rotin, elles prenaient gracieusement part à la conversation des autres voyageurs et contemplaient avec eux le panorama des rivages qui à vrai dire est peu pittoresque. Aussi ne tarde-t-il pas à devenir monotone. Son aspect est cependant grandiose en maints endroits et aux heures du coucher du soleil il offre alors un merveilleux spectacle. Phnom-Penh, grande cité d'environ 35 000 habitants, est située au point le plus intéressant des bords du Mekong. C'est le lieu qu'on nomme le Chada Much (ou les quatre bras). Le grand fleuve descendant de sa source forme le bras le plus important, un autre communique avec le grand lac Tonlé Sap. Les deux derniers, le Tien-giang et le Hau-Giang, se dirigent vers la mer en créant un delta considérable. Le *Battambang*, luttant contre le courant, approche peu à peu ; la ville se développe à vos yeux sur une grande longueur.

Ce sont d'abord au sud, les vastes bâtiments qui constituent le palais du roi, les maisons cambodgiennes avec leurs jardins plantés de cocotiers, puis vers le nord, la cathédrale avec le village catholique, etc. Une colline verdoyante couronnée par le tope de Phnom-Penh et une pagode Bouddhique aux élégantes silhouettes, s'élève au-dessus des maisons dans la partie centrale de la ville occupée par le quartier des Européens. Nous abordons sur une jetée primitive faite de planches que l'on installe suivant la saison, en se réglant sur le niveau changeant des eaux du Mekong.

Il est bien doux pour un voyageur isolé de se trouver entouré de compatriotes lorsqu'il arrive dans de lointains pays. Ma première visite à Phnom-Penh fut pour le résident M. de Verneville, qui me recommanda à un de mes confrères l'architecte de la ville, M. Fabre. L'hôtel Laval devint ma résidence et bientôt, présenté aux quelques Français qui ont l'habitude de le fréquenter, le considérant comme leur club, me voici presque leur ami. Je les vois d'ailleurs tous prêts à m'obliger. Je dois citer parmi eux, le Dr Pinard, directeur de l'hôpital, qui fut plus tard si bon pour moi, et M. Faraut, bien connu par ses remarquables travaux sur les ruines

Khmères, le collaborateur de **M. L.** Delaporte, auteur de l'intéressant ouvrage publié en 1880 : le *Voyage au Cambodge.*

Phnom-Penh, capitale du Cambodge depuis l'année 1866, est aussi le siège du protectorat Français. Sa population très mêlée, composée outre les Cambodgiens, de Siamois, d'Annamites, de Chinois, de Malais et de quelques Européens, ne laisse pas que d'être fort pittoresque. Il n'est pas toujours facile de maintenir toutes ces races diverses en parfait accord, aussi le résident actuel a-t-il quelquefois fort à faire auprès du gouvernement du roi Norodom, pour l'aider de ses conseils et le persuader d'agir suivant les lois de la civilisation moderne. Cette ville prend de jour en jour une plus grande importance. On y fait depuis quelques années de grands travaux d'assainissement, en comblant les terrains marécageux et en surélevant les principales avenues ainsi que les talus qui bordent le fleuve. Les nombreuses huttes de bambous recouvertes de chaume, malsaines et dangereuses au point de vue des incendies, sont remplacées graduellement par des maisons en briques que le roi Norodom fait construire pour les louer à ses sujets. On établit des quais, des ponts monumentaux et des arbres sont plantés dans les nouvelles avenues. La ville se transforme ainsi peu à peu et deviendra dans quelques années presque la rivale de Saïgon que nos colons français ont su rendre si coquette et si riante d'aspect.

Au point de vue artistique Phnom-Penh n'offre que fort peu d'intérêt. Les palais du roi occupent une surface considérable. Ils se composent d'une série de pavillons reliés souvent par des portiques ou des ailes n'ayant qu'un rez-de-chaussée. Sa Majesté habite de préférence avec ses nombreuses femmes les parties du palais construites à la mode Cambodgienne qui sont entourées de jardins. C'est là que les réceptions officielles et les grandes audiences ont lieu. Le roi y fait donner aussi des ballets et des concerts pour tâcher de se distraire de son incurable ennui. La deuxième partie de ce vaste ensemble, comprend les pavillons édifiés à l'européenne, dont l'architecture insignifiante est souvent d'un goût plus que douteux. Ces pavillons sont placés dans de grandes cours, d'autres bâtiments de moindre importance, sont habités par les quelques milliers de personnes attachées à la personne royale.

Phnom-Penh contient plusieurs pagodes Cambodgiennes et Chinoises qui ont leur caractère bien tranché. Parmi les pagodes Cambodgiennes on remarque celle qui appartient au chef des Bonzes et celle des princes royaux. Ce sont des constructions rectangulaires entourées de portiques, surmontées de toitures superposées dont les pignons sont richement ornés de mosaïques faites de

RUINES DE TA-PROHM (CAMBODGE SIAMOIS)

Envahissement de la forêt dans une cour intérieure.

D'après nature. (page 43)

menus morceaux de verres colorés ou de glaces, formant des rinceaux gracieusement enroulés. Le bord de ces pignons est garni de découpures de bois qui se relèvent à chaque angle en forme de cornes, peintes de couleurs brillantes ou dorées. Le monument le plus curieux de Phnom-Penh est le tope ou stupa qui domine la ville du haut de sa colline. Le roi Norodom a consenti à en laisser faire la restauration complète ainsi que celle de la pagode presque entièrement ruinée qui était auprès. M. Fabre, architecte de la ville, ancien élève de l'École des Beaux-Arts, a été chargé de ce travail qu'il a su diriger en véritable artiste.

La colline de Phnom-Penh d'après d'antiques légendes, s'éleva tout d'un coup au-dessus de la mer qui couvrait à l'origine tout le pays et les Cambodgiens vinrent bientôt y fonder un village. Il y a, dit-on, environ neuf cents ans, une dame de haut rang, Don Penh, espérant racheter par une fondation importante certaines irrégularités commises du vivant de son époux, fit construire la pagode qui resplendit aujourd'hui avec ses dorures et ses ornements nouvellement restaurés. Elle fit enterrer son mari dans le tope qui doit contenir aussi, suivant les rites Bouddhiques, une précieuse relique de Çakya Mouni.

M. Moura dit dans son ouvrage (*Royaume du Cambodge*, tome 1ᵉʳ, page 247) que le chef des bonzes de cette pagode, lui communiqua un document intéressant relatif à la fondation de ces monuments. Voici un extrait de la traduction :

« L'an 1529 de Préa-Put-Sacrach (986 de notre ère chrétienne), le roi Préa-Moha-Butom, alors âgé de quinze ans, vint se fixer provisoirement à Tuol-Préa-Srey (lieu situé à près de trois milles de Phnom-Penh) et il ordonna à ses mandarins d'établir la liste des apanages qu'il accordait aux bonzes de cette pagode nommée Vat-Phnom-Penh (pagode qui est au pied du tope ou stupa). »

Cette date 986 de notre ère, correspondant à l'époque d'installation des bonzes, montre que les deux édifices venaient d'être terminés par la dame Don-Penh, célèbre par sa grande piété et qui donna son nom à la localité : Phnom-Penh ou montagne de Penh. Nous donnons la vue de ce tope pittoresque placé sur ses terrasses et accompagné de quelques tombeaux de bonzes renommés du pays (voy. planche I). Un jardin bien entretenu, mais malheureusement sans aucun caractère, — il est dessiné à l'anglaise, — contribue à faire de ces lieux sacrés, l'endroit de promenade le plus agréable de la ville.

La capitale, pendant la journée, offre peu de mouvement. Pour le plus grand nombre des habitants, c'est l'heure de la sieste. Vers le soir, dans le quartier indigène surtout, Phnom-Penh semble se réveiller. On remarque alors un notable changement. Les quelques résidents européens font leur promenade en voiture. .

Ils croyent, aidés par leur imagination, malgré une température habituelle de 30 à 33 degrés de chaleur en moyenne, prendre le frais en faisant les cent tours, le long du fleuve. Les Cambodgiens commencent, eux aussi, à secouer leur indolence et se préparent à se rendre aux endroits connus qui constituent une véritable plaie pour le pays. Partout sous les portiques des maisons de briques construites par le roi, ou le long des huttes des indigènes, on ne voit que des installations primitives improvisées en peu d'instants pour le peuple et éclairées avec quelques lanternes brillantes par les Chinois qui organisent les jeux de hasard en faveur, celui des douze bêtes, le thuo ou baquan, les tourniquets, les dés, les dominos, etc. Pour les gens plus aisés, il y a des maisons de jeu qui restent ouvertes fort avant dans la nuit. Ces jeux divers sont tous d'origine chinoise, et ce sont les Chinois du Cambodge qui ont réussi à faire accepter à leur profit, ce qu'on appelle la ferme des jeux.

L'origine de cette organisation est certainement fort ancienne, mais sa date véritable reste ignorée. On sait que déjà au xviiiᵉ siècle, un pirate célèbre, Mac-Cuu, qui s'était emparé d'Hatien, ville située sur le golfe de Siam, avait commencé sa carrière vagabonde par être un fermier des jeux.

Le jeu des trente-six bêtes ou Huy, semblable à la roulette, passait pour être le plus dangereux de tous. Il est supprimé depuis quelques années, mais le Protectorat faisant déclarer que la ferme des jeux était abolie, l'abandonnait en même temps au roi Norodom. Le gouvernement cambodgien a compris qu'il pouvait continuer à se faire une source de revenu considérable en tolérant cette passion malheureuse dans le royaume. Malgré les règlements convenus, il afferme toujours ces maisons de jeu, cause de ruines fréquentes parmi les habitants.

Chez les Cambodgiens, les Chinois et les Annamites, l'ardeur est la même, beaucoup d'entre eux viennent perdre en quelques moments un salaire souvent péniblement gagné. On doit avouer que faute d'autres distractions plus saines, les Européens vont aussi quelquefois dans ces lieux qui n'offrent cependant pas grand attrait. On lit dans l'intéressant ouvrage, *Recherches sur le droit public des Cambodgiens*, par M. A. Leclère, résident de France au Cambodge, que la ferme des jeux a donné au trésor du roi Norodom en 1893, une somme de près de 70 000 piastres.

Poussé par la curiosité, j'entre dans un de ces repaires, accompagné de quelques-uns de mes nouveaux amis ; nous montons au premier étage de l'établissement où se trouve une vaste salle très simple d'aspect ; son luxe consiste dans un brillant éclairage. Au fond de cette pièce, se détachant sur une tenture rouge, les fermiers du jeu des douze bêtes sont près d'une grande table où les joueurs viennent mettre leur enjeu. Nombre de Chinois, de Cambodgiens, assis sur des bancs de bois, ou debout les uns derrière les autres, paraissent fort attentifs à surveiller leur chance. Heureux ou malheureux, ils n'expriment dans aucun cas leur émotion, c'est l'impassibilité énigmatique qui n'excite guère la gaieté. Les piastres et les menues monnaies vont grossir le trésor des croupiers qui annoncent le plus souvent la bête sur laquelle on n'avait point parié, malgré les calculs approximatifs. Je fus comme beaucoup d'autres une des victimes, n'ayant pas su mettre ma piastre sur la bête voulue. Le public en général ne brille pas par son élégance dans ce temple de jeu qui ne ressemble pas le moins du monde à celui de Monaco. Les belles dames n'y apparaissent pas et les habitués y viennent vêtus seulement de leur sampote et d'une jaquette de toile; souvent même ils ont le torse complètement nu. La chaleur suffocante explique la simplicité pittoresque des costumes.

Il ne faudrait pas croire que les Cambodgiens, indolents de leur nature, ne soient pas capables de s'occuper de certains travaux intéressants. Une de leurs principales industries est celle de la soie. Leurs femmes surtout, sont les plus habiles ouvrières pour tisser les beaux pagnes ou sampotes de luxe, dont se servent les mandarins riches et leurs épouses. Elles savent combiner avec art les nuances chatoyantes des soies qu'elles emploient pour reproduire sur leur métier primitif, les élégants dessins qui ornent ces brillantes étoffes.

L'art de l'orfèvrerie, quoique tombé en décadence, est encore en faveur chez les Cambodgiens autrefois si grands artistes. Il y a environ soixante ans, les rois faisaient frapper encore leur monnaie dans le royaume. Nous donnons le spécimen d'une de ces pièces (voy. sur la page du titre), aujourd'hui c'est à la France qu'ils confient ce travail.

Les mandarins aisés donnent tous à leurs femmes des colliers, des bracelets d'or et d'autres objets, finement exécutés par les orfèvres du roi. Ils possèdent aussi, généralement, pour leur agrément personnel, des jolis coffrets d'argent dont les panneaux sont ornés de rinceaux délicatement ciselés. Ces coffrets renferment la provision de feuilles de bétel avec les menus morceaux de noix d'arec, le tabac, la chaux vive, etc., qui sont mis séparément dans d'autres petites boîtes de formes variées. Parmi ces gracieux échantillons, on reconnaît le plus souvent, naïvement représentés, un fruit, un oiseau familier ou un animal fantastique. Nous donnons l'aspect en tête de la préface de toute une série : Coq, poule et poulets qui représentent ce genre de récipients aimés des Cambodgiens.

Tous les ingrédients que nous venons de citer plus haut et si précieusement enfermés, sont tour à tour étalés avec soin sur la feuille de bétel qu'on enroule et qui forme une sorte de chique. Chacun ne peut se lasser, homme ou femme, d'en mâcher une quantité tout le long du jour. Dans les rares intervalles où il oublie d'avoir son bétel dans la bouche, le Cambodgien fume des cigarettes enroulées dans le morceau découpé d'une feuille de bananier (le Slek Chèk) ou dans une fine écorce d'un arbre qu'on nomme dans le pays le Sambâk-Thom. Il bourre aussi, pour varier son caprice, une petite pipe analogue à celles que possèdent les Chinois ou les Japonais. Les pipes enrichies d'ornements d'argent sont rares; elles sont parfois fort originales.

Pour en acquérir une, je devais faire une visite qui ne manquait pas de pittoresque. L'orfèvre demeurait dans un quartier établi sur un sol en contre-bas, complètement inondé par les eaux du Mekong. Il fallait aller en pirogue, mais je fus obligé d'ôter mes souliers et de relever mon pantalon pour faire quelques pas dans l'eau et la boue afin de gagner mon embarcation. Mon guide, court vêtu d'un sampote seulement et allant pieds nus, n'eut pas tant de peines. Il avait l'habitude, pendant la durée de cette saison comme tous les autres indigènes, de faire journellement ce genre de traversée à gué, pour gagner sa propre demeure. Entrés tous deux dans la pirogue, mon homme armé de sa pagaie, me fait naviguer sous de charmantes allées, véritables voûtes de verdure formées de longues feuilles de bananiers. J'arrive bientôt au pied de la hutte bâtie sur pilotis, la demeure de l'artiste. Il était occupé à la confection d'un bracelet d'or commandé par Sa Majesté Norodom, pour l'une de ses dames favorites. Fort expert dans l'art de repousser les métaux, il voulut bien me montrer comment il exécutait ses œuvres. Si les moyens sont primitifs, il n'en faut pas moins une grande habileté. Il choisit une petite plaquette d'argent assez mince et commence à l'emboutir en lui donnant peu à peu la forme qu'il désire. Toutes les parties concaves de l'objet qu'il vient de créer, boîte ou oiseau, sont remplies avec une pâte composée de résine, de poussières de briques pilées, de cire et d'un peu d'huile de poisson. Le tout constitue un tampon sur lequel s'appuie la plaquette d'argent qu'il se prépare à repousser. L'orfèvre, après cette première préparation, colle sur chaque partie convexe de l'objet qui doit être orné, une petite feuille de papier sur laquelle les dessins sont tracés par avance. A l'aide de son délicat ciselet, il suit minutieusement leurs capricieux contours, en refoulant le métal.

Le petit chef-d'œuvre terminé, on n'a plus qu'à l'exposer au feu afin de faire fondre la cire qui remplissait toutes les parties concaves.

La pipe que l'argentier du roi venait de terminer (voy. page 1), avait été

Phototypie Berthaud, Paris.

RUINES DE TA-PRÔHM (Cambodge Siamois)

Fragments d'ornements sculptés sur un pilastre des galeries de l'ouest.

D'après nature. (page 43)

copiée sur un modèle ancien qui appartenait à un bonze de ses amis. J'aurais voulu posséder ce bibelot exécuté en bronze, vraiment beau et fort intéressant. Malgré mes démarches pour l'obtenir, le bonze n'a jamais voulu consentir à s'en séparer, l'objet, disait-il, étant sacré à ses yeux.

En retournant sur la terre ferme, je fais la rencontre de quelques biches apprivoisées qui rôdent dans le voisinage. Elles appartiennent au frère du roi dont le palais et les jardins sont fort près de l'endroit où ma pirogue s'arrête. Ces gracieux animaux s'approchent pour se faire caresser par moi ; tout le monde les respecte et les aime dans ce quartier, aussi sont-elles peu farouches, certaines de n'être point inquiétées.

Phnom-Penh n'a pas encore l'importance commerciale qu'elle ne peut manquer d'acquérir un jour, vu sa situation exceptionnelle sur le fleuve. Il s'y fait cependant un trafic considérable pendant la saison des pêches qui ont lieu sur le grand lac Tonlé-Sap et ceux qui l'avoisinent. Ce sont les Annamites surtout, gens laborieux et patients presque autant que les Chinois, qui vivent de cette industrie. Ils vont s'installer avec toute leur famille pour passer la saison complète sur les bords inondés des lacs, formant une armée de près de 20 000 individus. L'établissement de leurs campements primitifs n'offre pas de difficultés. Les Annamites vont dans les forêts voisines couper le bois nécessaire pour planter les pilotis sur lesquels ils disposent leur hutte provisoire couverte de roseaux. L'abondance du poisson est extraordinaire en ce pays, aussi les pêcheurs expérimentés en ont-ils bientôt une quantité considérable en allant avec leurs barques aux endroits qu'ils savent choisir. Les poissons séchés au soleil, dont la qualité est, dit-on, fort appréciée, sont livrés ensuite aux commerçants chinois. Ceux-ci les vendent dans tout le pays, ou ils les exportent jusque dans certaines provinces lointaines de la Chine.

On ne saurait séjourner longtemps à Phnom-Penh, lorsqu'on n'y a pas comme les Français qui y résident, d'occupation régulière. Aussi je ne tardai pas à faire mes préparatifs de grandes excursions aux ruines Cambodgiennes situées aux frontières, à l'extrémité du lac Tonlé-Sap. Grâce à M. de Verneville, j'eus bientôt l'interprète indispensable pour ce genre de voyage. Je présente à mes lecteurs un grand et jeune Cambodgien de bonne mine, Kodul, qui revenait, disait-il, de Bang-Kok, ayant fait partie de la suite de l'amiral Humann comme interprète, puis un jeune Annamite, mon cuisinier chef. Celui-ci était chargé entre mes repas de chercher quelques vivres frais ; il en trouvait rarement, je dois l'avouer. Il était aussi le blanchisseur de mes vêtements de toile, qu'il allait tremper dans les marécages émaillés de lotus bleus et blancs, les fleurs divines de la forêt marécageuse. Mon excursion aux ruines devait se prolonger, aussi mes bagages réduits cependant à leur plus simple expression, n'en restèrent pas moins assez volumineux. Il faut une batterie de cuisine primitive, des provisions de boîtes de fer-blanc renfermant une nourriture désagréable et variée, du vin, que sais-je encore, pour pouvoir vivre pendant longtemps dans les forêts.

Rien n'est plus aisé aujourd'hui que d'aller aux ruines de l'antique citadelle de Angkor-Thom et à celles de la pagode royale de Angkor-Vat situées en territoire Siamois. Le bateau à vapeur des messageries fluviales parti de Saïgon pour se rendre à Phnom-Penh, continue son voyage jusqu'à Battambang, ville du royaume de Siam. Il s'arrête à l'extrémité du lac Tonlé-Sap près de l'embouchure de la

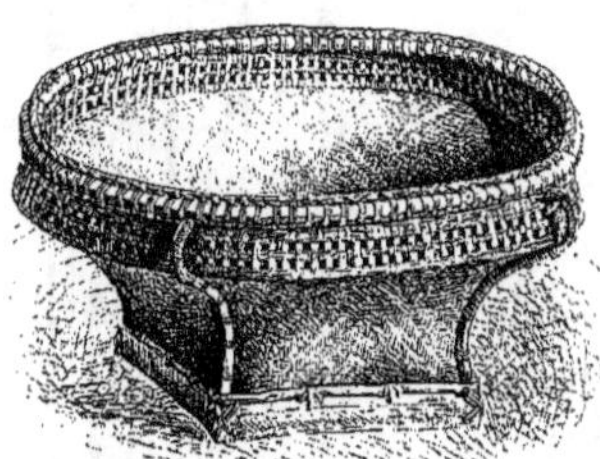

PANIER CAMBODGIEN. (D'après nature.)

rivière de Siemréap, pour permettre aux voyageurs désireux de se rendre en cette ville, de descendre dans d'autres barques qui font le service de correspondance et remontent la rivière jusqu'à Siemréap même. Le voyage se fait rapidement en la saison des hautes eaux. Parti à midi de Phnom-Penh sur le navire l'*Attalo*, j'étais déjà le lendemain à neuf heures du matin devant la rivière. Mes hommes transportent mes bagages dans les barques de deux rameurs qui nous attendaient et, nous sommes arrivés à Siemréap dans l'aprèsmidi. Je me rendis aussitôt chez le gouverneur siamois. Celui-ci me reçoit fort obligeamment dans sa case spéciale destinée aux réceptions officielles. Après lecture de mes lettres de recommandation, il me présente les deux mandarins qui devront m'accompagner partout et rester avec moi pendant mon séjour aux ruines, puis il me promet pour le lendemain les six chariots à bœufs dont j'aurai besoin. Je lui fais remettre en cadeau quelques bouteilles de vin et une petite provision de quinine.

Revenu avec mon interprète à la hutte ou sala destinée aux voyageurs, dans laquelle je m'étais installé dès mon arrivée, je vois le gouverneur apparaître. Il me rend ma visite en se faisant précéder de son cadeau, quelques jolies corbeilles pleines d'oranges, présent fort utile pour un touriste qui va séjourner dans les forêts au milieu desquelles il ne saurait trouver rien d'agréable pour sa subsistance quotidienne.

La vannerie est faite avec art au Cambodge et à Siemréap; les ouvriers

savent donner des formes originales à leurs œuvres qui restent élégantes et solides
tout à la fois. Dans le marché de la ville, j'ai pu me procurer moyennant quelques
sous, une corbeille charmante qui m'a servi pendant tout mon voyage (voy. page 10).
La base en est carrée et faite de bambou. Une natte finement travaillée constitue
le fond de ce panier qui devient rond à sa partie supérieure. Quatre petites tiges de
rotin bien enroulées partant de la base carrée, viennent s'assembler dans le haut
de la corbeille en formant des sortes de volutes au travers desquelles on peut passer
des cordons lorsqu'on veut transporter plus aisément l'objet rempli de fruits. Cette
forme originale est celle qui est la plus répandue dans le pays. Les habitants
ont des paniers de toutes les dimensions. On en voit de légèrement modifiés,
faisant l'office d'un seau qu'on porte avec une anse
faite de rotin ; ceux-là sont vernis et sont imper-
méables à l'eau, d'autres forment de larges coupes
pour mettre le riz, etc.

Nous quittons Siemréap dès l'aurore. Le cocher
de mon chariot, petit garçon de douze ans, est un
esclave que son patron a acheté pour la somme de
64 piastres ou quatre barres, près de deux cents francs.
La piastre valait lors de mon excursion trois francs
dix centimes. Ce jeune esclave pourra racheter
sa liberté, s'il peut remettre plus tard à son maître
son prix d'achat. Les deux mandarins siamois qui
m'accompagnent n'ont aussi en leur pays qu'une
liberté relative. Ils voudraient, au moment de mon
retour au Cambodge, se rendre avec moi à Phnom-

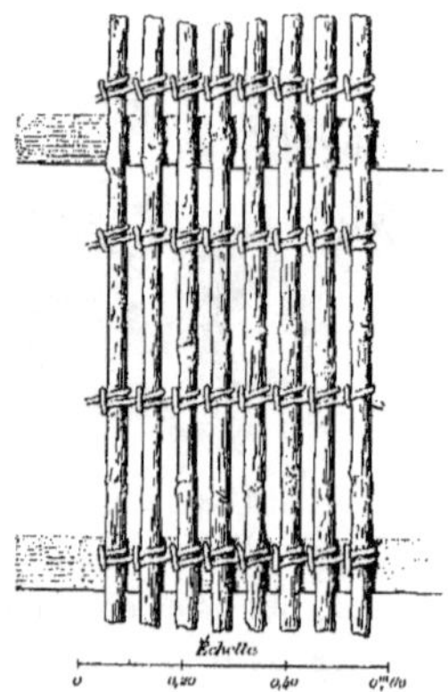

PLANCHER AJOURÉ EN BAMBOU.

Penh, pour régler différentes affaires, mais le gouverneur de Siemréap ne leur a
point donné l'autorisation nécessaire, n'ayant pas jugé qu'il était utile pour eux
de faire ce voyage. Ils devront rester en leur pays et attendre le bon plaisir de
leur grand chef.

Les buffles traînent nos chariots d'un pas solennel sur un chemin sablonneux,
mal tracé, qui nous fait longer tout d'abord les murailles de la forteresse de Siemréap. Ce sont des constructions primitives élevées sur un soubassement de pierres
grossières et faites de briques. Elles sont dans un état de délabrement presque
complet. Nous ne tardons pas à entrer dans une forêt pleine d'arbres grandioses
en avançant sous des berceaux formés par les larges feuilles des palmiers.
L'espèce qui paraît la plus fréquente dans les buissons est le *Licuala*

Paludosa. Cachés quelquefois par les lianes gigantesques qui forment dans l'épaisseur des bois d'inextricables réseaux, nos chariots se perdent de plus en plus dans cette végétation admirable, abandonnée à elle-même depuis des siècles. Deux heures se passent ainsi dans la contemplation de ces vertes merveilles lorsque mes mandarins me montrent une éclaircie dans la forêt. Les feuillages épais semblent s'écarter peu à peu, j'approche et mes yeux sont bientôt éblouis par une apparition extraordinaire. C'est Angkor-Vat avec ses dômes chargés de sculptures, qui s'élèvent graduellement du haut de ses différentes terrasses en se découpant dans l'azur du ciel resplendissant de lumière. J'ai le loisir de jouir de cette vision incomparable, pendant les quelques moments de repos que les hommes ont l'habitude de prendre pour eux et leurs buffles. On s'arrête au bord de grands bassins à une distance de cent mètres environ du Gopura de Angkor, près de la grande plate-forme encore gardée par des lions monumentaux ou songs pareils aux chimères fantastiques créées par les Chinois.

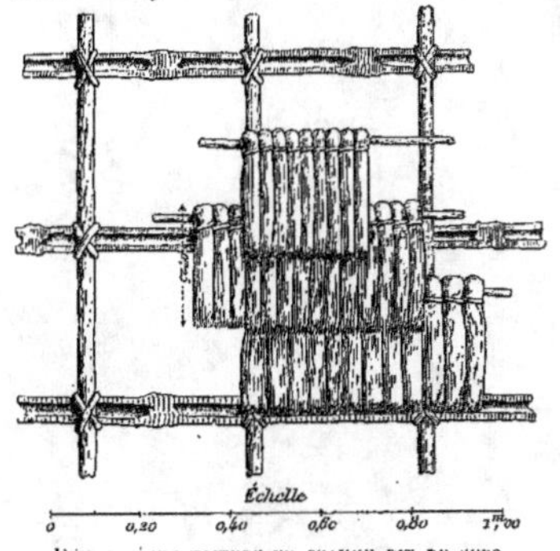

DÉTAIL D'UNE TOITURE EN CHAUME DIT DE SEBO.

Certain de visiter plus tard en détail Angkor-Vat, je continue ma route à travers la forêt pour gagner la citadelle de Angkor-Thom où nous entrons. Mes mandarins me conduisent à la sala qui doit m'abriter quelques jours afin que je puisse visiter les ruines. La sala, au Cambodge, n'est pas autre chose qu'une hutte destinée aux pèlerins qui viennent seulement y faire la sieste pendant l'après-midi ou aux voyageurs qui y peuvent passer le temps qu'ils désirent, en organisant avec leur suite un campement à leur gré. Cette sala n'est quelquefois qu'un simple abri formé de branches d'arbres coupées soutenant un chaume. C'était le cas à Angkor-Thom. Le plus souvent la *sala* ressemble à toutes les huttes qui servent de maisons aux Cambodgiens. Elle se compose de plusieurs compartiments séparés. Le plancher de ces cabanes ou paillottes, est placé à environ 1ᵐ,50 au-dessus du sol, sur des pilotis; on y parvient en grimpant sur une échelle ou plutôt sur un perchoir analogue à ceux que nous voyons installés dans nos poulaillers. C'est l'escalier primitif du pays.

Le plancher ajouré est fait entièrement de tiges de bambou coupées en deux suivant le sens de leur longueur, et liées entre elles par de menues cordelettes de

RUINES DE TA-PRÔHM (Cambodge Siamois)

Sterculias séculaires recouvrant la grande chaussée de pierre du côté ouest.

D'après nature. (page 43)

rotin. Les vides sont généralement égaux au diamètre de ces lamelles de bambou posées directement sur les solives (voy. page 11).

Elles forment un plancher à claire-voie, élastique et doux sur lequel on pose des nattes épaisses constituant le lit du voyageur. Abrité sous sa moustiquaire, il y dort aussi bien que sur le meilleur des sommiers européens. Si la nuit, au clair de lune, il se réveille, il a même quelquefois la distraction originale de voir au travers du plancher les nombreux petits poissons qui habitent le marécage sur lequel est souvent construite sa hutte, prendre leurs ébats parmi les lotus et autres herbes aquatiques. Les cloisons de la sala sont composées de châssis garnis de feuilles de palmier à sucre (*Borascius saccarifera*) cousues et maintenues de dix en

dix centimètres par de légères traverses de bambou. Les panneaux extérieurs sont garnis de volets fabriqués de la même façon. Ceux-ci peuvent être levés intérieurement à l'aide d'une cordelette de rotin qu'on fixe à volonté sur l'un des chevrons de la toiture pour les maintenir ouverts. La couverture de ces huttes se compose de *sebo*, longues herbes de marais très répandues dans le pays. On les réunit par petits paquets que l'on enfile après une mince tige de rotin. Ces sortes

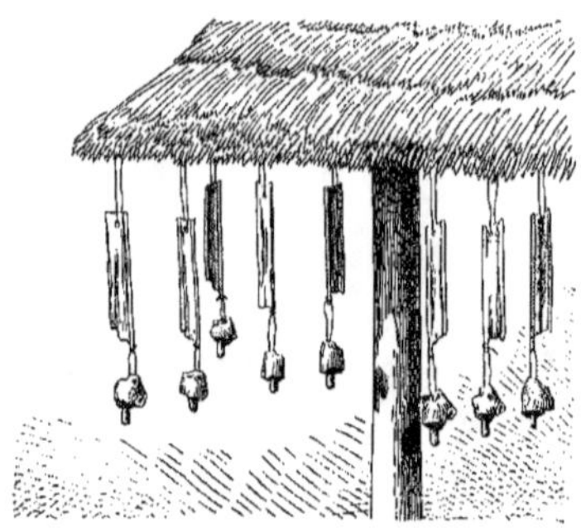

SONNETTES EN PATTES DE CRABES TERRESTRES.

de volants d'herbage ainsi préparés, on n'a plus qu'à les attacher aux légers chevrons de rotin, en les posant de manière qu'ils se recouvrent les uns les autres pour former un chaume épais (voy. page 12). Les pannes de la toiture sont en bambou.

Ces constructions légères, si bien ventilées de tous les côtés, constituent un genre d'abri admirablement approprié aux exigences du climat cambodgien. Le seul inconvénient du plancher à claire-voie est qu'on peut laisser passer au travers quantité d'objets divers qui vont se perdre dans l'eau ou dans les herbes. Dans les villages, sous chaque hutte, il y a toujours un dépôt de débris formé d'eau croupissante et de détritus de toutes sortes qui répandent souvent des odeurs des plus nauséabondes. A l'extrémité du chaume qui couvre la case des Cambodgiens, les pauvres habitants des forêts, je remarquai un curieux ornement. Il consiste en une série de légères brindilles de feuilles de palmier au bout desquelles sont attachés des débris de pattes desséchées de crabes terrestres dont on a formé des petites clochettes. La moindre brise survenant, les brindilles de palmier agissent aussitôt à la manière d'une girouette et sont mises en mouvement. Elles tournent, pivotent en tout sens et mettent bientôt en branle la sonnette originale suspendue à leur extrémité (voy. page 13). Dans certains châteaux ruinés qu'on va visiter en Europe on entend de même résonner les cordes de harpes éoliennes qu'on a installées dans quelques petites fenêtres des antiques tours crénelées. Il en est ainsi au vieux château de Baden-Baden et dans les ruines qu'on admire sur les bords du Rhin. Les visiteurs aiment à écouter les sons harmonieux donnés par ces harpes primitives. Au Cambodge, grâce à cet ingénieux arrangement des sonnettes faites en pattes de crabes terrestres, un concert aérien au chant doux et discret est souvent entendu. Il fait sans doute la joie des familles, dans ces huttes misérables où personne ne peut trouver de distractions bien variées. C'est surtout dans le petit village situé au centre même de l'antique citadelle de Angkor-Thom, — ses cases sont élevées sur les débris de l'ancien palais des rois non loin du curieux monument de Piméan-acas, — que je vis ces singuliers ornements. Sur mon désir, un Cambodgien me détacha aussitôt une clochette de sa propre cabane pour m'en faire hommage. Ce brave homme fut pour moi, pendant mon séjour à Angkor-Thom d'une complaisance remarquable. Me fabriquant les longues cordes de rotin qui devaient me servir pour faire le relevé de mes plans, il voulait bien se charger aussi avec ses amis de couper les arbres ou les branches nombreuses qui cachaient les vues ou obstruaient mon chemin dans les ruines.

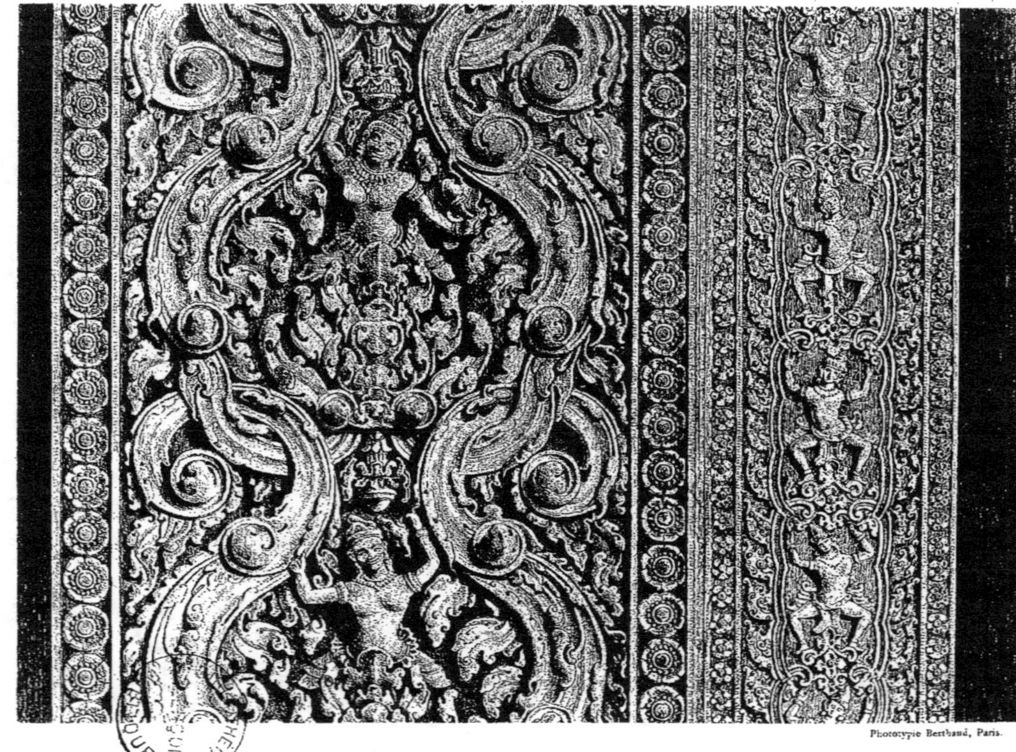

Phototypie Berthaud, Paris.

ANGKOR-VAT (Cambodge Siamois)

Fragment d'ornements d'un pilastre et du chambranle de la porte d'entrée du premier gopura.

D'après nature. (page 51)

CHAPITRE II

ALGRÉ les recherches faites depuis vingt années, par
des savants et des voyageurs, aucune inscription vraiment significative assignant des dates certaines à la
fondation des monuments construits par le peuple
Khmer n'a été découverte dans les ruines explorées.
Il existe cependant un document important déposé
dans le trésor du roi Norodom. C'est la chronique
royale ou *Pongsa-Voda* composée de deux parties. La première donne un aperçu entièrement
formé de récits fabuleux et légendaires des évé-
nements qui se sont passés depuis la naissance du Cambodge jusqu'en l'an 1340 de
notre ère. La seconde, commençant à l'an 1340, va jusqu'à la période moderne.
Les annales Chinoises et Annamites, d'antiques manuscrits conservés par les principaux chefs des Bonzes, peuvent encore fournir des renseignements incertains
sur le premier âge de ce curieux pays. MM. J. Moura et Aymonier ont obtenu du

roi Norodom la permission de faire traduire presque en entier, le Pongsa-Voda. En consultant leurs ouvrages, j'ai recueilli les quelques faits qui peuvent servir à indiquer les époques approximatives de la fondation des monuments que j'ai visités au Cambodge et dans le Cambodge Siamois.

L'histoire du Cambodge a eu trois époques principales. Les habitants d'origine étaient composés de peuplades sauvages qu'on suppose avoir été les *Samrès*, dont on trouve encore actuellement quelques familles éparses qui habitent dans les forêts de la province d'Angkor. Ces Samrès avaient foi dans le culte du Serpent, ils furent subjugués par une invasion du peuple Kham en l'an 500 (av. J.-C.) d'après les annales Khmères.

Le roi des Khams Préa-Bat-as-Chey-réach fit avec sa flotte une excursion dans le Kutch-Thloc (Cambodge) avec 500 hommes. Une tempête survint qui détruisit ses navires. Ne pouvant retourner dans sa patrie, il s'établit dans le pays et se fit nommer par les indigènes, leur souverain. Une relation légendaire recueillie par le commandant de Lagrée précise le même fait : un prince du royaume de Khomcrat situé sur les frontières de la Chine ayant émigré avec ses vassaux les Khams, serait arrivé dans le Kamphouxea (Cambodge) habité alors par les Samrès. Ce roi des Khams régna, dit-on, vingt ans, son fils Préa-Cravalla-Reach lui succéda en l'an 523 (av. J.-C.).

Sous ce règne, un fait important eut lieu en l'an 543 (av. J.-C.). Cette date marque l'origine de l'ère sacrée que les Cambodgiens nomment le Prea-put-Sacrah ou l'ère de Bouddha. Bouddha, alors au déclin de sa vie, dit la légende, fit un voyage dans le sud de l'Indo-Chine accompagné de son disciple et parent, Ananda, pour y convertir les adorateurs du culte du serpent, les Nagas ou Neacs. Ils s'arrêtèrent dans une île. Bouddha nomma lui-même le lieu où il abordait Kutch-Thloc, et annonça aux indigènes qu'un prince Hindou de la famille royale de Indraprastha (le vieux Delhi), viendrait chez eux avec un grand nombre de ses compatriotes pour y fonder un puissant empire. On ne trouve dans aucun document, autre que le Pongsa-Voda, de récits de ce voyage en Indo-Chine exécuté par Bouddha. Peut-être les annales Khmères ont-elles fait ici mention à leur manière, d'un fait précisé dans les annales chinoises. Celles-ci rapportent qu'à une époque *très reculée* antérieure à l'an 125 (av. J.-C.) un bonze de Tien-Truoc (Inde) nommé Kieu-Tran-Nhu pénétra dans le Chon-lap (ancien nom du Cambodge) pour y prêcher la religion de Bouddha.

Les Khams, mélangés aux Samrès, avaient su créer dans le Kutch-Thloc un État prospère, mais cependant, d'après les anciens historiens Chinois, le peuple

restait primitif. Vivant au milieu des eaux et très habile pêcheur, il était guer-
royeur et surtout pirate hardi. La dynastie des Khams eut dans ces pays une durée
d'environ cent ans.

En 443 (av. J.-C.) la prédiction de Bouddha s'accomplissait. Préa-Thong,
prince Hindou, fils du roi de Indraprastha, émigrait dans le sud de l'Indo-
Chine et se fixait avec un grand nombre de ses concitoyens dans le Kutch-Thloc,
à Couk-han. Un village de ce nom existe aujourd'hui aux environs de Angkor ;
la tradition l'indique comme étant la première résidence des rois Khmers.

Préa-Thong et ses compagnons étaient Brahmanes, comme le peuple Kham
l'était, dit-on, également. Les nouveaux émigrés se mêlèrent aux Khams et vécu-
rent d'abord en bonne intelligence. Des dissensions ne tardèrent pas à avoir lieu
entre ces peuplades différentes. Il y eut des guerres et les Khams vaincus par les
nouveaux émigrés furent forcés de se retirer et d'aller dans le Laos inférieur, au
Champa-Sac dont la capitale était Vien-Chan (aujourd'hui Bassac).

Il arriva à cette même époque, un grand événement pour le peuple Khmer : il
s'agit du mariage du prince Préa-Thong avec une princesse, la fille d'un des principaux chefs du pays. La légende raconte ainsi le fait : Préa-Thong, se promenant
au coucher du soleil, vit une femme d'une beauté surnaturelle qui prenait le frais
avec ses compagnes au bord de la mer. C'était Suvan-Neakéa, fille du roi des
dragons. Le prince Hindou s'approcha de la princesse pour lui parler. Tous deux
deviennent épris l'un de l'autre et se donnent leur foi. Suvan-Neakéa en retournant
dans le royaume des eaux raconta à son père son entrevue avec Préa-Thong et le
mariage ne tarda pas à s'accomplir. Le roi des dragons voulut constituer à sa fille
et à son gendre un royaume digne d'eux. Il fit disparaître, comme il en avait le
pouvoir, toutes les eaux qui couvraient alors autour de Couk-han un immense
territoire, et un palais superbe, une forteresse, tout une ville enfin, sortant de
terre pour les nouveaux époux et leurs sujets, apparurent aussitôt.

Le roi des dragons ayant accompli son œuvre disparut ensuite dans son
domaine aquatique.

Le prince Préa-Thong devenu roi, prit le nom de Préa-bat-Tivong-as-Char et
fit appeler son nouveau royaume Crung-Kampuchéa (actuellement Cambodge). Ce
mot dérivé du sanscrit ou du pali veut dire : royaume sorti des eaux (*Crung*, naître,
sortir de, *Kampuchéa*, royaume). Depuis la date de 443 (av. J.-C.) qui marque
l'arrivée de Préa-Thong au Cambodge, le Pongsa-Voda ne fait aucune mention des
événements qui ont pu se produire dans le royaume, et ne signale de faits nouveaux
qu'à partir de *l'an 500 de Bouddha* (43 av. J.-C.). On peut supposer que, après la

victoire de Préa-Thong, les Khams étant dispersés, il y eut pour le roi Hindou et sa dynastie une longue période de paix. Si nous écartons le côté merveilleux de la légende, il resterait des faits qui pourraient passer pour être historiques. Le roi de Crung-Kampuchéa, aidé de ses nombreux compagnons d'émigration, forma des ouvriers indigènes. Les fondations de sa forteresse, de ses palais et de ses temples purent être commencées sur les terres fertiles que la mer laissait de jour en jour à découvert en se retirant, comme cela est reconnu aujourd'hui.

Les Cambodgiens s'accordent à dire que les ruines considérables connues sous le nom de Angkor-Thom sont précisément celles des antiques constructions entreprises par Préa-Thong et ses successeurs, ou suivant la légende, celles que le roi des dragons fit surgir de terre.

La fin de la dynastie de Préa-Thong fut marquée par des événements funestes. Les annales Khmères mentionnent que l'an 43 (av. J.-C.) le roi des Khams descend du Laos avec une armée et chasse le roi du Cambodge de sa capitale. Celui-ci ne tarde pas à rétablir sa puissance, au bout d'un an il peut redevenir le maître en son pays et disperser ses ennemis.

D'autre part, les annales chinoises citent le fait d'une expédition entreprise par les Chinois en l'an 125 (av. J.-C.) à la suite de laquelle le Cambodge ou Tchin-là comme ses ennemis l'appelaient alors, fut forcé de payer un tribut.

Ces deux faits d'invasions différentes des Khams et des Chinois montrent que le peuple Khmer, inquiété et envahi, ne pouvait alors penser qu'à une seule chose : la défense de son territoire. La citadelle d'Angkor-Thom et les principaux monuments qu'elle renferme, étaient sans doute achevés avant ces époques troublées 125 (av. J.-C.) et 43 (av. J.-C.).

Si l'on peut admettre que Angkor-Thom ait pu être édifié, comme nous le voyons, avant notre ère, l'origine de sa fondation devient cependant fort incertaine, lorsqu'on consulte un manuscrit ancien appartenant au deuxième chef du clergé au Cambodge. On y trouve des dates qui ne s'accordent point avec celles du Pongsa-Voda. Au lieu d'émigrer au Kutch-Thloc en 443 (av. J.-C.) Préa-Thong, le prince Hindou, n'y aurait pénétré qu'en l'an 289. Sa dynastie, s'arrêtant en l'an 98 de notre ère, n'aurait duré que 387 années.

Dans les annales Khmères, la dynastie commençant en 443 avant Jésus-Christ et finissant en l'an 57 de notre ère, aurait duré cinq cents ans. Ces différences dans les dates, ne changent d'ailleurs en rien notre hypothèse. Angkor-Thom et Banh-Yong pourraient toujours avoir été terminés avant l'an 125 (av. J.-C.), époque où les Khmers ont eu à subir des invasions diverses.

Phototypie Berthaud.

9, rue Cadet, Paris.

ANGKOR-VAT (CAMBODGE SIAMOIS)

Vue d'angle d'une galerie conduisant au deuxième étage du temple.

D'après nature (page 59)

Dans les monuments Hindous, le naga est fréquemment représenté sous des formes variées. A la vue des monuments Khmers on est frappé du rôle beaucoup plus considérable que joue le serpent dans toutes les parties des constructions et dans la composition des sculptures. Le roi Préa-Thong et ses compagnons apportaient au Cambodge le culte Brahmanique comme les Khams leurs prédécesseurs, mais il est permis de croire qu'un certain nombre des émigrés admettaient encore le culte du serpent ou avaient gardé dans le fond de leur âme des superstitions inhérentes à cette croyance. Il est certain que ce culte existait dans l'Inde, autour de Indraprastha (le vieux Delhi) et surtout dans le Kashmir où les lois de Brahma ne détrônaient pas encore complètement celles de ce culte resté mystérieux. Débarqué au Kuch-Thloc, Préa-Thong ne rencontrait pas seulement les Khams, mais il s'alliait aux sauvages Samrès qui d'après les traditions croyaient au culte du serpent. En formant parmi les indigènes, les ouvriers qui lui étaient nécessaires pour fonder sa ville, Préa-Thong devait trouver parmi la population une certaine alliance d'idées dans l'ensemble de leurs superstitions.

Il est hors de doute, comme cela est démontré par les faits, que maîtres et élèves ne tardèrent pas à former un atelier incomparable. Les légendes merveilleuses décrites dans le Mahabharata (le poème Puranique), et le Ramayana dont l'origine remonte à l'an 500 (av. J.-C) étaient contées à ces peuplades sauvages par les émigrés, qui enflammaient ainsi leur imagination naïve. Les ouvriers devenaient artistes et apprenaient peu à peu à donner la vie à tous les dieux et héros divins en les sculptant dans la pierre. Tout en reproduisant les épisodes légendaires nouvellement enseignés, ils ne pouvaient s'empêcher d'y mêler aussi des témoignages nombreux de leur ancien culte. C'est ainsi que le Naga, la personnification divine du serpent, est partout représenté de même que son ennemi Garuda, le demi-Dieu moitié homme, moitié oiseau, qui sert de monture à Vishnou pour traverser l'espace. L'origine de la haine des Nagas et de Garuda est ainsi expliquée dans le Mahabharata. Les sœurs Khadru et Vinata mariées à Kasyappa (le sage), souhaitaient d'avoir chacune une progéniture nombreuse. Elles devinrent jalouses l'une de l'autre, la première eut 1000 enfants ou nagas d'où est sortie la race entière des serpents, tandis que la seconde, la princesse Vinata, n'eut que deux fils : Garuda, l'homme aigle qui prenant parti pour sa mère voua une haine mortelle à tous les Nagas, et Aruna qui est célébré dans la légende pour son habileté à conduire le char de Surya, le dieu soleil. Les Nagas voulurent vaincre Garuda, mais celui-ci parvint à les détruire tous. Un seul des Nagas fut épargné, c'est celui qu'on voit placé dans toutes les sculptures autour du cou de Garuda.

De l'antique ville de Angkor-Thom il ne reste plus aucune trace. Ses maisons étaient construites en bois, la plupart recouvertes de chaume. Le palais des rois laisse voir sous la végétation les vestiges d'anciennes terrasses, de chaussées de pierre et des décombres considérables. Avec les murailles d'enceinte et leurs portes triomphales, quelques monuments importants quoique bien ruinés, subsistent encore. Ces monuments peuvent s'énumérer ainsi : les édifices de Piméan-acas (lieu élevé) et de Bapuon formés tous deux de terrasses superposées, les hautes murailles couvertes de bas-reliefs sur lesquels on voit la statue célèbre du roi lépreux, connu sous le nom de Sdach-Com-long, quelques palais de pierre, les restes du Préa-Pithu et les terrasses anciennes dites des *Damreys* (éléphants), qui conduisaient à Bapuon, Banh-Yong enfin, le plus intéressant monument d'entre tous, qui dépasse en originalité tout ce que les Khmers ont pu créer.

PORTE D'ENTRÉE, CÔTÉ SUD, DE LA FORTERESSE DE ANGKOR-THOM (CAMBODGE SIAMOIS). (D'après nature.)

La ville forte, ou la Pontéay de Angkor-Thom, mesure environ 12 kilomètres de périmètre. Les murailles de six mètres de hauteur s'appuient sur un glacis de 14 mètres d'épaisseur au sommet.

Le tout est entouré d'un fossé de 120 mètres de largeur sur 4 mètres de profondeur. J'ai dessiné une porte d'entrée de l'antique forteresse, celle qui faisant face au sud, mène directement aux sanctuaires de Angkor-Vat. On distingue malgré l'état de ruine où elle se trouve une partie du dôme qui la surmontait (voy. page 20). Il représente le Dieu suprême, Brahma, dont les quadruples faces sont orientées vers les quatre points cardinaux. Ces têtes étaient coiffées d'une tiare figurant des tours. La tiare du milieu, plus importante que les deux autres, puisqu'elle couronnait à la fois les faces de Brahma orientées au Sud et au Nord, devait être plus élevée. Sous ces têtes groupées, ne formant qu'un seul motif, règne une sorte de frise sculptée en haut-relief figurant des personnages divins dans l'attitude de la prière. Représentés seulement jusqu'à mi-corps, ils semblent surgir du centre d'une fleur de lotus. Le fronton trilobé formé par le corps de deux serpents à têtes multiples qui couronnait la porte, est complètement écroulé, mais on peut voir encore les restes des motifs qui devaient accompagner d'une façon si originale les bas-côtés de cette entrée majestueuse. C'est un énorme éléphant tricéphale, Aïrawaddi (l'éléphant qui sert de monture à Siva), dont on devine les têtes sur lesquelles se distinguent encore les trois cornacs célestes qui sont chargés de le conduire. Les jambes de devant ainsi que les trois trompes du divin pachyderme se détachent complètement de la muraille, tandis que l'autre partie de son corps reste engagée dans les assises de pierre qui portent le dôme. Dans la relation, nommée le Tchin-là-foung-thou-ki, faite par un officier chinois qui voyageait au xiii° siècle, traduite par M. Abel Rémusat, on lit avec curiosité les descriptions de l'entrée de la forteresse de Angkor-Thom qui alors était presque intacte. En voici quelques extraits :

« La ville capitale a vingt lis de tour, elle a cinq portes, une double, celle tournée vers l'Orient. Au delà des portes est un grand fossé et au delà du fossé, des boulevards de communication avec de grands ponts. De chaque côté sont cinquante-quatre statues représentant des divinités. Les arches sont figurées en forme de serpents, chaque serpent a neuf têtes et on défend aux passants d'en approcher. Les cinquante-quatre statues tiennent toutes un serpent à la main, etc.

« Des deux côtés de la porte sont des figures d'éléphants taillées dans la pierre.

« Toutes les villes sont entourées de murs en pierres très grandes, bien liées et très solides. Il n'y croît pas de mauvaises herbes. Il n'y a point de parapets. Au-dessus des murs, on a planté en certains endroits des grands arbres (des Kouang-lang) disposés régulièrement. » Actuellement, les ruines des quelques statues brisées qui ornaient les ponts, les murailles de soutènement et les figures d'éléphants taillés dans la pierre sont les preuves de la sincérité du récit de l'officier chinois.

Ce voyageur pénètre dans l'intérieur de la ville et remarque la manière dont les Cambodgiens couvraient leurs habitations. « Les tuiles qui recouvrent la façade du palais sont en plomb, les autres sont en terre cuite de couleur jaune. Les colonnes et poutres de traverse sont très grandes et toutes recouvertes de peintures qui représentent Bouddha. Après le palais, les maisons des princes de la famille royale et les grands officiers ont des dimensions et une hauteur plus considérables que celles des particuliers; du reste toutes sont couvertes de chaume. Il n'y a que les temples dont la façade et les constructions de derrière peuvent être recouvertes en tuiles. Les maisons des magistrats ont aussi des dimensions particulières réglées d'après le rang des possesseurs. Celles des moins notables sont, comme celles des simples particuliers, recouvertes de chaume, car ceux-ci n'oseraient faire usage de tuiles. Les maisons des bourgeois varient de grandeur suivant la richesse ou la pauvreté des propriétaires, mais les plus riches ne se hasarderaient pas à construire une demeure semblable à celle des officiers de l'État. Il est d'usage dans le Tchin-la de tourner les portes des édifices et des maisons du côté de l'Orient, c'est le côté le plus respecté. »

Piméan-acas (lieu élevé), qui était placé près des palais des rois, se compose de trois terrasses superposées. La première était formée d'une plate-forme

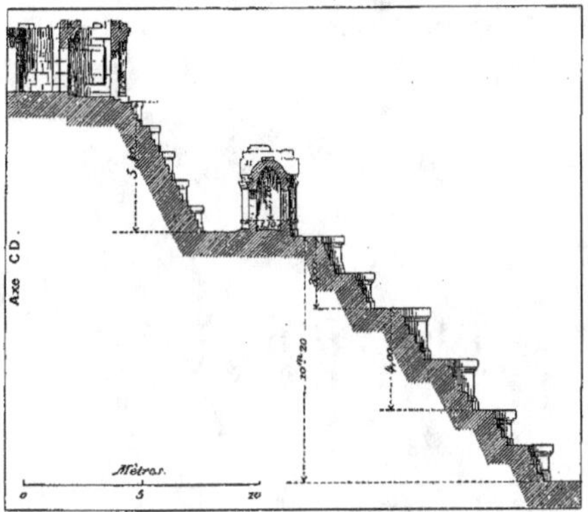

Coupe de Piméan-acas suivant l'axe A. B. (Voy. plan page 24.)

assez large, tandis que les deux autres étaient plus étroites. (Voy. plan, page 24.) L'ensemble général du monument à base rectangulaire, avait l'aspect d'une pyramide dont chaque étage semble avoir été disposé pour être un lieu de promenade et d'agrément. Les Khmers pouvaient y jouir en faisant graduellement l'ascension des escaliers, de la vue magnifique donnée par la ville de Angkor-Thom, des temples et des murs d'enceinte, tous embellis par des jardins. Les murs des soubassements des trois terrasses de Piméan-acas sont construits de façon rustique en grossières assises de pierre de Bien-Hoa. La galerie voûtée, ou plutôt le couloir, sa largeur n'étant que de $1^m,10$ sur $2^m,20$ de hauteur, qui domine la troisième terrasse, est d'une exécution soignée; il s'y trouve peu de sculptures. De nombreuses fenêtres pratiquées le long des murs des façades intérieures et extérieures étaient closes par d'élégants balustres aux fines moulures. Ils tenaient toute leur hauteur et

ANGKOR-VAT (Cambodge Siamois)

Tevadas sculptées sur un trumeau extérieur des galeries de la deuxième terrasse.

D'après nature (page 39)

tamisaient la lumière envoyée par les rayons du soleil, tout en constituant les ornements principaux de cette galerie. On remarquera dans la coupe montrant la silhouette générale de Piméan-acas (voy. page 22), le curieux arrangement de la petite corniche de la galerie dont la pierre s'assemble comme une pièce de charpente aux joints horizontaux qui forment sa voûte. Les pavillons d'angles et du centre étaient surmontés d'un dôme.

De même qu'à Piméan-acas, les escaliers extérieurs jouent un rôle important dans tous les monuments Khmers ; ils sont compris par leurs architectes tout autrement que ceux de nos monuments anciens ou modernes d'Europe. Leurs marches sont très hautes et fort étroites. J'en ai relevé quelques-unes dans les perrons de Piméan-acas (Voy. le plan en E, page 24). Elles ont 0ᵐ,30 de hauteur, sur 0ᵐ,10 de largeur. Dans l'édifice de Banh-Yong, elles avaient en différents en-

droits, 35 centimètres de hauteur sur 14 centimètres de largeur, proportion tout à fait extraordinaire pour nos usages. C'est à peine l'espace voulu pour poser son pied. Lorsque le soubassement est élevé, il faut pour gravir ces hauts gradins s'aider de ses mains, ou monter de côté, ce qui est souvent assez malaisé. Cette proportion dans les mar-

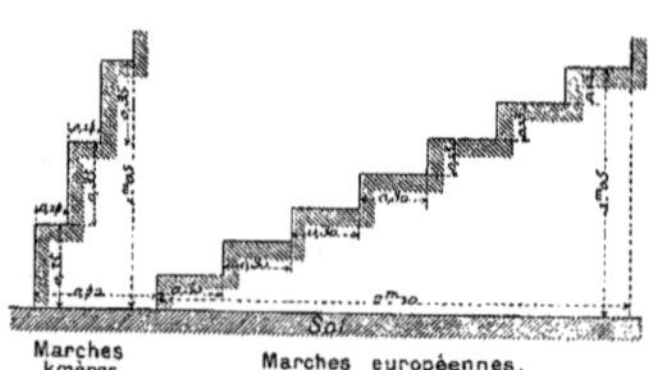

COMPARAISON DES MARCHES KMÈRES ET DES MARCHES
EUROPÉENNES.

ches se rencontre partout, à peu de chose près, dans tous les monuments des Khmers. Les architectes de cette époque ont pris ce parti, évidemment dans une intention calculée. Toutes les conditions des perspectives d'une terrasse ou d'un soubassement sont changées avec cette disposition qui augmente en apparence les hauteurs et rapproche les distances. Elle fait valoir aussi singulièrement l'effet général produit par les édifices. On comprendra en voyant la figure ci-dessus, la différence de développement nécessaire pour un perron Khmer et celle qu'il faut pour un autre qui serait construit de nos jours pour nos monuments. Tandis que pour atteindre la hauteur de un mètre environ par exemple, les escaliers Khmers ne prendront que 42 centimètres de développement à la base, les nôtres, dont les marches ont généralement un emmarchement double de leur hauteur, demanderont un développement de 2ᵐ,10. On remarquera que les perrons vont toujours aussi en diminuant sensiblement de largeur à mesure qu'ils s'élèvent (voy. plan, page 24), ce qui contribue, par les lois de la perspective, à les faire paraître plus hauts qu'ils ne sont dans la réalité. Ceux de Piméan-acas ont, comme il est facile de le vérifier, à partir du sol une largeur de 3^m,20. Sur celui de la troisième terrasse, ils n'auront plus que 1^m,90. Chacun des paliers qui marque la diminution graduelle dans la largeur du perron, est encadré de piédestaux massifs sur

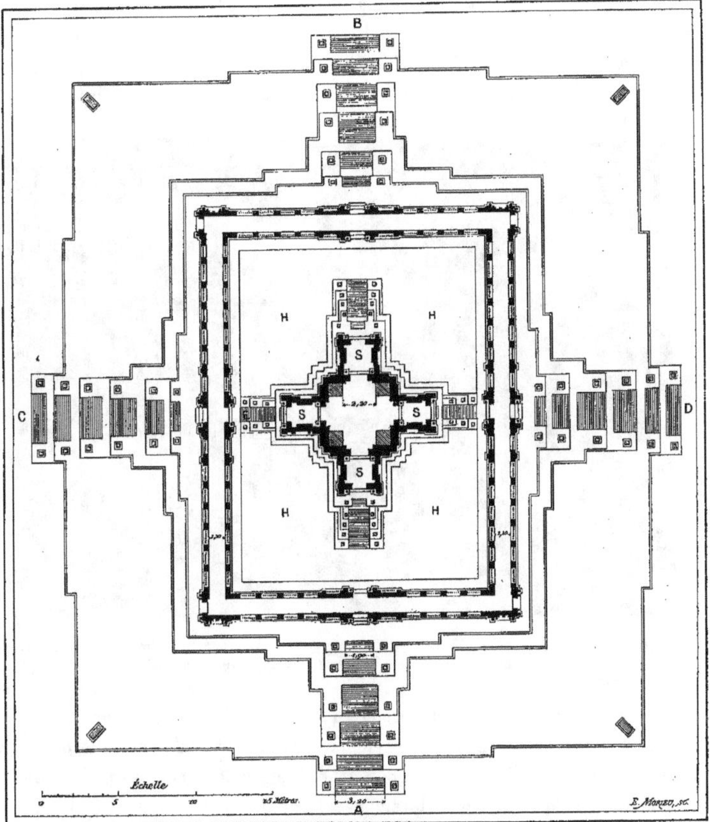

PLAN D'ENSEMBLE DE PIMÉAN-ACAS (LIEU ÉLEVÉ) SITUÉ DANS L'ENCEINTE DE ANGKOR-THOM.
(Relevé sur place.)

lesquels était posé un lion ou song sculpté dans une pierre de grès. Il y en avait un également de dimension plus grande, placé aux angles des trois terrasses. La galerie supérieure est coupée par quatre petits vestibules placés

suivant les axes principaux du monument. Ils donnent accès à la cour intérieure sans doute autrefois dallée et aux quatre escaliers qui conduisent au
petit édicule, le couronnement de l'édifice. Tout ici est malheureusement complètement écroulé à partir des joints horizontaux qui donnaient naissance aux
voûtes. Quelques panneaux restés en épannelage, étaient destinés à recevoir des
sculptures (Voy. le plan en S). Les hommes du village de Angkor-Thom et mes mandarins de Siemréap, me disaient que ce petit édicule avait été primitivement

BAS-RELIEF DE LA TERRASSE DES « DAM-REYS » (DÉFILÉ DES ÉLÉPHANTS) SITUÉE DANS L'ENCEINTE D'ANGKOR-THOM
ET CONDUISANT A BAPUON (CAMBODGE SIAMOIS). (D'après nature.)

surmonté d'un dôme richement doré et qu'il était d'une immense élévation. Il est
impossible de croire ces récits en étudiant les proportions restreintes de ce gracieux pavillon. Certainement il était orné d'un dôme, mais ses proportions ne
pouvaient être qu'assez peu développées, comme le témoignent d'ailleurs les
pierres écroulées et les décombres qui cachent partout le dallage de la cour supérieure (voy. en II, sur le plan, page 24). Peut-être dans le pavillon central y
avait-il la statue d'un Dieu qu'on allait honorer en même temps qu'on pouvait jouir
de ce *lieu élevé* de la vue de la ville, et des parcs environnants. Ce monument, hors
ce détail, n'a aucun caractère religieux.

4

Bapuon est construit dans les mêmes principes que Piméan-acas ; il est conçu dans des proportions beaucoup plus considérables que ce dernier. L'édifice se compose de sept terrasses superposées munies d'escaliers dont les marches sont hautes et leurs emmarchements fort étroits. Sur la dernière terrasse se trouvaient une galerie aux parois ornées de bas-reliefs remarquables, avec un grand sanctuaire au centre d'une cour dallée. Les terrasses inférieures étaient richement sculptées, deux d'entre elles étaient surmontées, comme la dernière, d'une magnifique galerie voûtée.

Lorsqu'on quitte les ruines de Bapuon, on suit à travers la forêt, les traces d'une longue chaussée qui vous mène à l'extrémité d'une belle terrasse. C'est la terrasse dite des *Dam-reys* ou des éléphants. On y trouve encore les restes des anciennes balustrades qui se terminaient par les têtes multiples et relevées, d'un Naga, et les marches brisées par lesquelles on descendait. Des éléphants plus petits que nature, sculptés aux extrémités des murs, en marquaient les angles formés par leurs différentes saillies, ils composaient ainsi les motifs d'entrée des escaliers de la terrasse. Sur les faces latérales (Sud et Nord), les murs étaient garnis d'une longue frise sculptée en haut-relief représentant une suite d'éléphants montés par des hommes allant se livrer sans doute, par la forêt, au plaisir de la chasse. La forêt semble très giboyeuse, à en juger par les daims et les gazelles qu'on voit s'échapper au travers des jambes des éléphants. Quelques-uns de ces animaux sont enlacés au passage par la trompe des pachydermes, remarquables par leur allure et la sincérité de leur exécution (voy. page 25).

ANGKOR-VAT (Cambodge Siamois)

Vue de la galerie supérieure et du dôme du sanctuaire central.

D'après nature. (page 60)

CHAPITRE III

BANH-YONG. — LE MONASTÈRE DE EKDEY. — LE SRA SRONG. — TA-PRÒHM (LA CITÉ DE BRAHMA). — MI-BAUME. — PRÉA-RUP.

E tous les monuments ruinés qui subsistent dans l'enceinte de Angkor-Thom, celui qui offre l'ensemble le plus complet est Banh-Yong (ou Belle-Vue). Cet édifice considérable, malgré la forêt qui le ruine depuis bien des siècles, possède encore toutes ses tours surmontées de leur dôme, ses terrasses, ses cloîtres et ses cours intérieures bordées de galeries. Les décombres amoncelés formés par les portiques et les voûtes écroulés n'empêchent point le voyageur de pénétrer dans presque toutes les parties de l'édifice. Il s'habitue peu à peu à escalader les ruines ou à se glisser parmi les pierres et en quelques jours, comme je l'ai fait moi-même, il parvient à dresser un plan approximatif de cet ensemble merveilleux.

Un mur bas dont on peut suivre les fondations dans la forêt servait de première enceinte (voy. plan, page 29). Il enfermait deux grands étangs placés à l'extrémité ouest du parc où se trouvaient sans doute aussi les habitations des prêtres gardiens du sanctuaire.

L'entrée principale de Banh-Yong, orientée à l'est, s'ouvrait sur un large escalier conduisant à la plate-forme d'une terrasse. Ses balustrades étaient ornées de lions sculptés ou de garudas montés sur un naga polycéphale. Leur corps renversé ou leurs débris gisent encore à demi cachés dans les hautes herbes.

Auprès des galeries, la terrasse diminue de largeur ; elle contourne tout l'édifice en accentuant largement les nombreuses saillies formées par les portiques, les péristyles et les pavillons d'angles qui constituent l'ensemble de la deuxième enceinte. On voit sur le plan que chaque porte d'entrée était précédée d'un perron de pierre assez élevé dans lequel un escalier est pratiqué.

Les décombres cachent aujourd'hui les bas-reliefs et les autres ornements qui garnissaient, sous les galeries (voy. plan, page 29), les parois du mur de clôture D. Il n'est possible d'en distinguer les traces qu'en certains endroits laissés à découvert parmi les pierres brisées. Le fond du grand péristyle d'entrée est terminé par une tour dont le dôme (voy. en I), coiffé d'un Phrom ou quadruple tête de Brahma, semble soutenu par des Garudas formant une rangée de cariatides. Cette tour donne accès aux galeries de la deuxième terrasse qui enferme le grand Prea-Sat ou sanctuaire central.

Contemplons d'abord la vaste cour intérieure qui autrefois était sans doute embellie par des jardins. A chaque angle orienté vers l'est, on remarque les édicules (P sur le plan) placés sur de hauts soubassements. Un escalier à marches très étroites vous y conduit.

Sur les façades orientales de ces édicules P, un perron mène à une petite terrasse (voy. en Y, plan, page 29) qui, placée au-dessus de la voûte de la galerie inférieure, permettait de jouir de la vue des environs. Sous cette terrasse, il y avait un sanctuaire communiquant à la galerie extérieure de la deuxième enceinte, par un portique. Ce lieu est tellement ruiné et encombré de pierres écroulées qu'il m'a été impossible de vérifier si on pouvait aller plus avant sous les soubassements.

Le mur élevé de la deuxième enceinte (voy. D, sur le plan), apparaît au travers des arbres qui remplissent la cour. Les parois intérieures, dépourvues de tout ornement, sévères d'aspect, contrastent singulièrement avec la richesse des constructions qui font corps avec le Prea-Sat central. La deuxième enceinte est élevée comme nous l'avons vu sur une terrasse de niveau uniforme qu'on peut

PLAN GÉNÉRAL DE BANH-YONG (BELLE-VUE). — LES GALERIES DES DEUX PREMIÈRES TERRASSES (CAMBODGE SIAMOIS).
(Relevé sur place.)

considérer comme étant le premier étage de Banh-Yong. Pour les galeries et les tours situées au centre de la cour intérieure, il est loin d'en être de même. Élevées sur un premier soubassement, presque toutes se trouvent sur un sol de hauteur différente, communiquant cependant entre elles par des escaliers ou par quelques marches seulement. Cet arrangement étrange, original, rend d'abord la compréhension du plan difficile et justifie le nom de *Préa-Sat-ling-Poun*, temple du jeu de cache-cache, que les indigènes ont donné quelquefois à Banh-Yong. Nous allons essayer d'indiquer le chemin de ce labyrinthe.

En étudiant le plan des deux premières terrasses (page 29), nous voyons que le terre-plein sur lequel se trouve le sanctuaire, est entouré d'une galerie triple qui se décompose ainsi : une galerie extérieure faisant face à la cour fermée par le mur d'enceinte; une galerie médiane reliant entre elles les seize tours d'entrée; enfin un portique ou cloître qui encadre les quatre cours intérieures (C, C, etc.). Les premières galeries extérieures donnent au visiteur l'illusion de portiques de communication, mais il n'en est pas ainsi lorsqu'on les étudie. Elles n'ont quelquefois aucun accès avec le reste de l'édifice, on y monte alors directement par le jardin, ou bien elles ne communiquent avec les tours d'angles (voy. T), que par un seul côté. Souvent enfin, leur accès avec les sanctuaires n'est possible que par quelques hautes marches montant au niveau du sol de la galerie médiane. Ces galeries séparées peuvent être considérées comme autant de loggias. Les habitants d'Angkor-Thom venaient y rêver pendant leurs loisirs. Ils avaient d'un côté l'agréable vue des jardins de la cour intérieure, et tournant ensuite leurs regards vers les murailles, ils pouvaient contempler des bas-reliefs admirables représentant des scènes familières de leur existence : la chasse, la pêche et les danses, ou d'autres sculptures qui leur rappelaient les merveilleuses légendes décrites dans le Mahabharata. La galerie médiane, sombre par suite du mur plein qui la sépare des loggias extérieures, n'est éclairée premièrement que par le cloître des petites cours (voy. C). Le sol dallé de ce cloître est sur deux côtés seulement, de plain-pied avec celui de la galerie médiane. On monte quelques marches pour gagner le niveau du sol de ses deux autres côtés (voy. E), qui n'ont pas de communication entre eux, ainsi qu'on le voit sur le plan. Ces parties du cloître jouent, dans ces petites cours intérieures, le même rôle que celui des galeries extérieures; ce ne sont que des loggias. Le sanctuaire marqué en S, avec deux vestibules pourvus d'escaliers droits conduisant directement à la cour C, se trouve sur un sol de niveau supérieur à celui des loggias E. Ces dispositions sont les mêmes dans les trois autres cours.

Revenons dans la galerie médiane pour monter les hautes et étroites marches qui conduisent à un nouvel étage où tout est plus sombre encore. La galerie médiane surélevée ne reçoit de jour en cette partie de l'édifice que par un étroit portique de 0ᵐ,80 de largeur au plus, ayant ses pilastres très rapprochés du mur du terre-plein. Les murs intérieurs, comme ceux du bas, sont dépourvus de sculptures. Nous voici parvenus au niveau des douze tours qui forment sur chaque face les motifs les plus importants de cette deuxième terrasse.

DÔMES AUX QUATRE FACES DE BRAHMA, VUE PRISE DU POINT L (VOY. PLAN, PAGE 33) SUR LA TERRASSE SUPÉRIEURE
DE BANH-YONG (CAMBODGE SIAMOIS). (D'après nature)

Posées sur le même soubassement que celui des quatre tours d'angles, elles se sont élevées graduellement avec lui, de même que la galerie médiane.

Sur chaque façade, les trois tours réunies par la galerie médiane forment des vestibules monumentaux ayant chacun quatre larges ouvertures. L'une conduit par des escaliers aux jardins. Deux autres servent à la circulation de la galerie médiane. Pour la quatrième située du côté du terre-plein, il y a quelques différences. Celle des tours placées à droite et à gauche de la tour du milieu O, sert de communication à la galerie conduisant aux petits sanctuaires placés au pied du mur de soutènement du grand Préa-Sat. Celle de la tour du milieu O, orientée au midi, à l'ouest et au nord, donne accès à un large escalier pratiqué dans le terre-plein qui mène sur la troisième terrasse, tandis que celle de la tour K, orientée à l'est, mène dans un sanctuaire presque complètement obscur. Dans la galerie médiane (est), de chaque côté de ce sanctuaire se trouvent les entrées des deux escaliers M et M, qui conduisent à la terrasse supérieure comme les trois autres dont nous venons de parler plus haut.

Au niveau de cet étage, il y a plusieurs surprises à noter. Du côté orienté à l'est, en visitant la galerie G, on découvre une salle obscure construite sous le terre-plein (en N). Il m'a paru, malgré l'amas des décombres, que ces lieux marquaient l'emplacement d'une citerne aujourd'hui entièrement comblée.

Sur la face nord, on remarque que le terre-plein a été entaillé assez largement pour faire place à un petit sanctuaire, marqué en X (voy. plan, page 33).

Sur la face ouest, il en est de même, cependant l'espace creusé est moins considérable. Le sanctuaire (en V sur le plan, page 33) s'appuie sur deux côtés contre le mur du terre-plein, tandis que le sanctuaire X est isolé de toutes parts.

Gravissons les hautes marches de l'un des cinq escaliers qui conduisent sur la troisième terrasse, dont le plan affecte la forme d'une croix. Nous sommes ici presque au niveau des bases des trente dômes qui surmontent les tours et tous les petits sanctuaires de la deuxième terrasse que nous venons de quitter. Ces dômes sont reliés entre eux par de légères crêtes de pierre qui forment une sorte de faîtage sur le haut des voûtes des galeries. Leurs sculptures représentent une série continue de dieux accroupis sur un trône, placés sous une arcade trilobée découpée à jour. Les dômes sont tous revêtus des quatre faces de Brahma coiffées d'une tiare chargée de bijoux et couronnée d'une fleur de lotus. Leurs visages ont une expression sereine pleine de dignité, le nez et les lèvres sont bien accentués. Leurs yeux, largement ouverts, semblent nous suivre dans notre marche, sur cette plate-forme étrange, digne séjour du Dieu suprême.

. Nous donnons l'aspect de ces dômes vus de deux points différents. L'un, vu du point L, montre le dôme principal de la façade orientée à l'ouest et ceux des sanctuaires marqués en V et en J sur le plan (voy. page 33). L'autre, vu du point N, permet de distinguer le dôme Z, presque caché par les racines d'un énorme figuier, et celui du sanctuaire X. On remarque enfin le dôme de l'édicule H, ainsi que les ruines d'une partie des salles d'entrée du grand Préa-Sat (voy. planche II, page 1). La balustrade de cette troisième terrasse était formée par les longs corps d'immenses Nagas aux têtes multiples relevées et menaçantes, qui semblaient défendre les entrées des cinq escaliers. Le sentiment

PLANCHE X

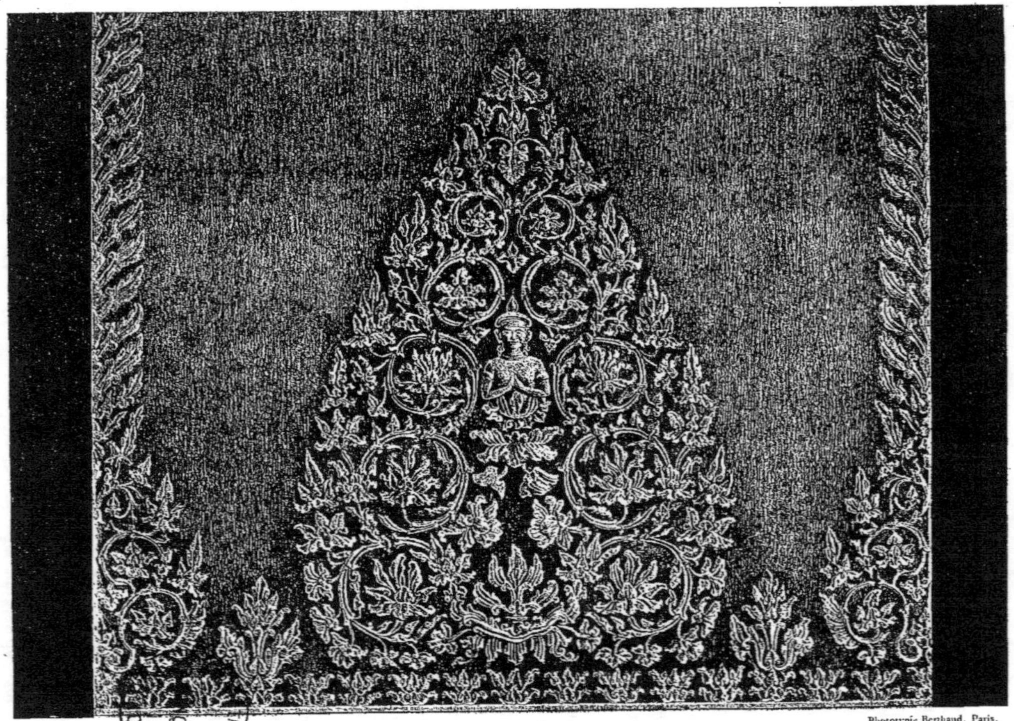

Phototypie Berthaud, Paris.

ANGKOR-VAT (CAMBODGE SIAMOIS)

Ornement d'un pilastre des galeries du grand sanctuaire central.

D'après nature. (page 60)

d'admiration qu'on éprouve à la vue de cet ensemble extraordinaire, s'accroît encore
à la vue du grand Préa-Sat accompagné de ses péristyles et de ses colonnades sculptées.

Le plan de ce sanctuaire se subdivise en seize parties qui ont chacune leur porte

PLAN GÉNÉRAL DE LA TROISIÈME ET DERNIÈRE TERRASSE DE BANH-YONG (BELLE-VUE).
(Relevé sur place.)

spéciale. Elles sont reliées entre elles par une colonnade placée sur un soubassement peu élevé au-dessus du sol de la terrasse (voy. le plan ci-dessus).

Quatre portes principales orientées aux quatre points cardinaux communiquent
par des couloirs au Préa-Sat.

5

La porte orientée à l'est est située au fond des magnifiques salles qu'on peut considérer comme les vestibules du sanctuaire ; celles du midi, de l'ouest et du nord, correspondent avec les trois petits édicules précédés de portiques et aux escaliers qui descendent aux galeries inférieures.

Le Préa-Sat, lieu mystérieux où aucun fidèle, suivant les lois Brahmaniques, ne pouvait pénétrer, renfermait la statue de la divinité suprême qui, résidant sous le dôme sacré, restait cachée à tous les yeux. L'idole était placée au centre d'un bassin carré aux parois parementées, dans lequel on déposait, dit-on, toutes les offrandes apportées le jour de l'inauguration du saint lieu. Ce bassin était recouvert ensuite d'un épais dallage. La salle est complètement obscure et de forme ronde.

Les douze autres portes s'ouvrent sur une première chambre qui sert de vestibule à une seconde plus petite. Six de ces secondes salles, sortes de niches où le jour pénètre à peine, contenaient un autel, tandis que les autres n'avaient que des statues.

En considérant la façade de ce sanctuaire principal, il semble, à première vue, que les pilastres extérieurs placés devant les seize parties qui divisent presque également la circonférence de la tour, doivent former une colonnade continue. Il n'en est pas ainsi. Ces pilastres ne sont là que pour porter une première rangée de frontons trilobés formés de deux serpents aux têtes multiples. Une deuxième rangée de frontons s'élève ensuite en arrière et au-dessus de la première. Celle-ci est construite sur le prolongement du mur dans lequel sont pratiquées les seize portes d'entrée. Entre chacun de ces frontons, dominant les têtes multiples des serpents qui les composent, on voit deux cariatides représentant un superbe Garuda aux ailes déployées. Ces cariatides portent une deuxième colonnade surmontée de deux frontons étagés, semblables à ceux du rez-de-chaussée. C'est un deuxième étage, d'ailleurs inaccessible, qui ne sert que pour la décoration de l'édifice.

Les entre-colonnements de ces pilastres sculptés sont occupés par des panneaux ornés d'une fausse fenêtre garnie dans toute sa hauteur de balustres finement découpés.

Les frontons superposés de ce deuxième étage servent de contreforts à huit dômes qui s'élèvent dans le ciel en formant la plus originale silhouette qu'on puisse voir. Trois de leurs faces sont visibles, la quatrième restant engagée dans la maçonnerie. Du côté de l'est, deux dômes de petites dimensions, ne montrant qu'une seule face de Brahma, accompagnent le dôme situé dans l'axe des grands

vestibules d'entrée. Son importance est plus grande que les autres qui sont sur le
même niveau.

Le couronnement final du Préa-Sat est formé par un dernier dôme s'élevant à
plus de 40 mètres au-dessus du sol de la terrasse. Les quatre figures de Brahma

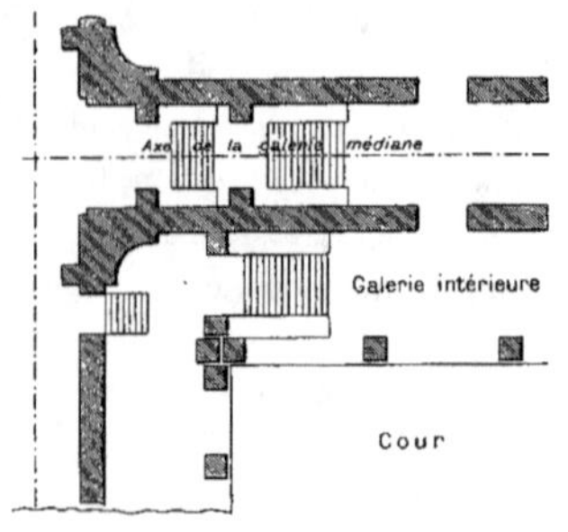

DÉTAIL DES PILASTRES D'UNE GALERIE INTÉRIEURE DE
BANH-YONG. (Voy. plan, page 29, en A.)

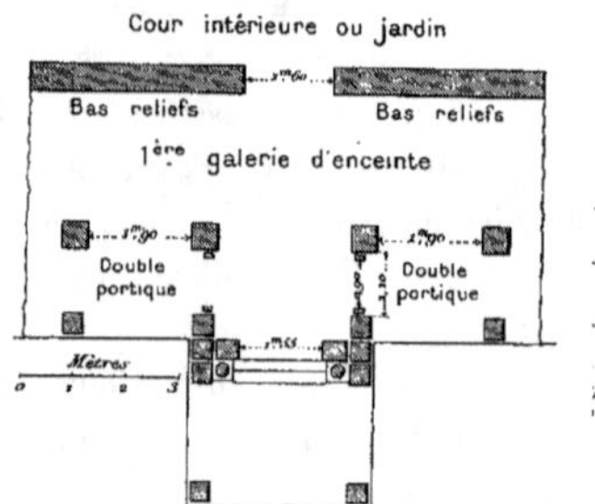

DÉTAIL DES PILASTRES DE LA PREMIÈRE GALERIE DE
BANH-YONG. (Voy. en R, sur le plan, page 29.) .

dépassent de beaucoup les autres en proportion. Elles ont aussi le front ceint d'un
diadème, couronné d'une tiare à quatre étages surmontée d'une fleur de lotus.
L'aspect de ces têtes, à cette hauteur, paraît plus étrange encore que celui des
figures des autres dômes groupés et s'étageant à leur pied. Elles les écrasent
par leur air de majesté solennelle.

Le plan de Banh-Yong, compliqué dans ses parties, forme un ensemble absolument unique en son genre ; les façades ne sont pas moins intéressantes.

Les tours, d'une proportion superbe, s'élevant graduellement avec les galeries
remplies de bas-reliefs, produisent un effet extraordinaire et augmentent par leur
merveilleux groupement celui du dôme central, le chef-d'œuvre entre tous.

Les galeries semblent peut-être basses tout d'abord, elles n'en sont pas moins
cependant construites dans d'agréables proportions et font valoir les tours dômées
auxquelles elles sont reliées. Tous les pilastres de forme carrée sont composés
d'un fût monolithe qui s'assemble au chapiteau par tenon et mortaise à la manière
des pièces de charpente. Ces fûts sont quelquefois composés de quatre blocs
rapprochés lorsqu'ils sont placés aux angles des galeries ; comme en A par
exemple (voy. plan, page 29, et détail, page 35) ou bien dans la galerie extérieure
(voy. plan, page 29, en R, et détail, page 35), ils font l'office de chambranles d'une

porte d'entrée principale ou de celles moins importantes, de la double galerie. Ils
sont placés également contre les assises qui composent les trumeaux des fenêtres.
Les baies de celles-ci sont fermées par de hauts balustres finement sculptés qui
laissent pénétrer, tout en les tamisant, les rayons du soleil. Dans mon dessin de la
galerie intérieure de Beng-Méaléa (voy. planche XXI, page 84), on voit la disposition de ce genre de balustre qu'on remarque avec quelques variantes de détails ou
de profils dans toutes les ruines Khmères. Les tableaux de ces fenêtres ainsi que
ceux des portes sont sculptés de haut en bas d'ornements légèrement ciselés
dans la pierre, donnant presque l'aspect d'une étoffe brodée tendue sur la muraille.
Nous en donnons un fragment (voy. ci-dessous), ce sont des perroquets, genre

kakatoës, se jouant au centre de médaillons formés par des rinceaux de feuillages.
Les médaillons n'ont pas plus de vingt
centimètres de diamètre.

Les sculptures qui couvrent presque
partout les façades de cet édifice, sont
souvent inégales d'exécution, quelques-
unes sont parfaites dans leur genre et
dénotent la sûreté de main de l'artiste qui
les a taillées. Beaucoup d'autres au contraire restent naïves; le travail en est encore presque rustique. C'est celui des élèves que les Khmers formaient sans doute,
comme nous l'avons dit plus haut. A eux
seuls, les maîtres ne pouvaient exécuter

PANNEAU ORNÉ, RINCEAUX ET PERROQUETS.
(D'après nature.)

des bas-reliefs qui occupent pour la galerie de la deuxième enceinte un développement de près de 500 mètres et pour celui des loggias du jardin intérieur
plus de 300 mètres. Dans quelques endroits, on remarque des parties inache-
vées ou restées encore en épannelage; elles étaient destinées à recevoir des
sculptures. Sous chaque tour, il y avait une idole; il n'en reste que des débris
le plus souvent, ou le piédestal incomplet. Je puis donner le spécimen d'une tête
de l'une de ces statues dont le corps brisé est renversé sur le sol. Cette sculpture
donne l'idée du type aryen dans toute sa beauté. La figure a une expression calme
pleine de dignité, et ne ressemble en rien au type actuel des Cambodgiens. C'était
sans doute là, l'idéal conservé et admiré des anciens Khmers.

Les lignes, de face ou de profil, sont absolument parfaites et témoignent bien

Phototypie Berthaud, Paris.

KOUAT-KANSA (CAMBODGE)

Vue extérieure de la pagode de Kouat-Kansa située près de Kompong-Chen.

D'après nature. (page 68)

du talent de l'artiste qui a su les ciseler dans la pierre. La coiffure originale dans sa forme est intéressante avec cette sorte de diadème formé par un Dieu accroupi posé sur une couronne (voy. page 37).

Banh-Yong était, comme tout le fait présumer, un monument voué à Brahma, mais il servait aussi de lieu de promenade. Les loggias ménagées dans les façades, ornées de bas-reliefs, dont les sujets sont plus souvent profanes que religieux, et ayant vue sur les jardins de la cour intérieure, celles des quatre petites cours donnent bien l'idée de lieux faits pour le repos et la contemplation, les deux choses essentielles chez un Oriental. Au Cambodge, c'est encore aujourd'hui l'usage d'aller passer de longues heures dans les temples et les jardins. Les femmes y vont aussi entre elles ; elles s'y reposent étendues sur des nattes sous les ombrages des arbres sacrés. Dans l'Inde méridionale, les grands temples brahmaniques de Madura, de Combaconum, etc., servent de même comme des lieux de pèlerinage et de promenades permanentes.

Banh-Yong occupe une surface considérable ; les façades de la deuxième enceinte ont un développement de plus de 150 mètres sur 140 mètres de côté. Celles de la troisième enceinte ont environ 76 sur 85 mètres de côté. Les perspectives qu'elles forment sont splendides. Cependant l'architecture en général n'est pas grande d'échelle. La largeur des galeries de la deuxième terrasse, la galerie médiane entre autres, ne dépasse guère plus de deux mètres. Celle de la deuxième enceinte, toute remplie d'une longue suite de bas-reliefs, atteint $2^m,30$.

TÊTE DE DIVINITÉ (FRAGMENT TROUVÉ A BANH-YONG).
(D'après une photographie.)

Les plus grandes portées des voûtes, soutenues par des pilastres, atteignent $2^m,50$, comme on peut le vérifier sur les plans.

Le grand Préa-Sat central s'élève, il est vrai, à une hauteur de plus de 40 mètres au-dessus du sol de la troisième terrasse, mais les dômes secondaires sont loin d'atteindre cette proportion, n'ayant pas 18 mètres au-dessus du sol de leur soubassement respectif. Les fenêtres des portiques sont aussi petites, leur largeur étant de 1ᵐ,25 ou 1ᵐ,40 au plus et les sculptures des bas-reliefs sont toujours beaucoup moins grandes que nature. Les tevadas ou nymphes célestes sculptées dans les trumeaux extérieurs n'ont souvent pas un mètre de hauteur. Les proportions néanmoins sont observées avec une science telle, un art si parfait, chaque détail sculpté se faisant valoir si merveilleusement, que la sensation première éprouvée en visitant ces lieux sacrés est d'abord contraire à la réalité. Tout semble grandiose. Bientôt les choses sont vues avec plus de vérité. L'admiration n'est pas diminuée à mesure qu'on pénètre dans ces longues galeries et ces nombreuses salles toutes remplies de sculptures d'une originalité sans égale, dont la variété et le charme dépassent tout ce qu'il est possible de rêver.

Banh-Yong tout entier est construit en pierre de grès (*Thma phoc* ou pierre de bouc); les carrières existent aux environs de Angkor-Thom. C'est avec ces pierres que tous les monuments importants du pays ont été construits généralement. Les Khmers employaient aussi pour leurs murailles d'enceinte ou les soubassements une pierre à peu près semblable à notre pierre meulière. Elle est rustique et d'aspect spongieux. C'est la pierre de Bien-Hoa ou Bai Kriem (riz grillé).

Dans les monuments de la dernière période, époque de décadence, ils employaient les briques cuites, réservant pour les linteaux, les chambranles, les légères colonnettes, etc., qui recevaient des sculptures, la pierre de grès.

Aux environs de Angkor-Thom, il existe d'autres ruines importantes ; celles de Préa-Khane situées au nord, que je n'ai pu visiter, puis vers l'est, celles de Ta-Prôhm (le divin ancêtre Brahma) et de Ekdey avec son immense bassin ou *Sra Srong*. Elles se trouvent de l'autre côté de la petite rivière qui baigne la ville de Siemréap et va se perdre dans le lac Tonlé-Sap. Les sanctuaires de construction plus moderne, ceux de Mi-Baume, de Préa-rup, sont peu éloignés de Ta-prôhm.

D'après les Cambodgiens, comme d'ailleurs tout semble le démontrer par les sculptures des sanctuaires, Ta-Prôhm aurait été dédié primitivement à Brahma et Ekdey devait servir de monastère. Les prêtres de Brahma avaient pour charmer leur loisir un bassin, le *Sra Srong*, où ils pouvaient faire leurs ablutions, ramer dans de nombreuses pirogues et se donner le plaisir de la natation. Le *Sra Srong* est de forme rectangulaire, ses côtés mesurent d'une part 600 mètres, de l'autre 400 mètres environ ; par ses vastes proportions, on peut le considérer comme un lac artificiel. Les hautes eaux m'ont empêché de voir les talus de pierre construits en gradins et la grande terrasse cruciforme qui, dit-on, servait de débarcadère pour les barques et pirogues des Brahmanes.

Le monastère de Ekdey, avec ses sanctuaires, était fermé par deux enceintes.

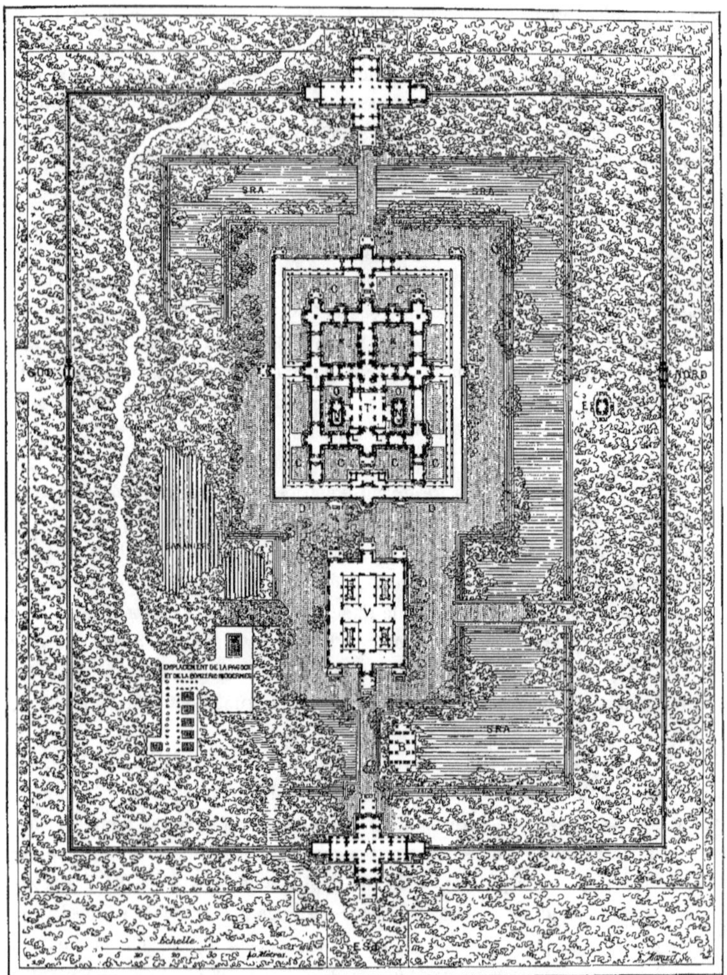

PLAN D'ENSEMBLE DU MONASTÈRE DE EKDEY, PRÈS DE TA-PRÔHM (CAMBODGE SIAMOIS).
(Relevé sur place.)

Deux portes situées sur les faces est et ouest servaient d'entrée à la première enceinte. Elles étaient surmontées d'un dôme aux quatre faces de Brahma analogue à ceux de Banh-Yong.

En quittant les bords du *Sra Srong*, on aperçoit la porte (côté est) du monastère au travers des arbres de la forêt. C'est par celle-là qu'on passe généralement, comme étant la plus voisine du village Bon-taï, près duquel j'avais dû organiser mon nouveau campement pour plusieurs jours. Le sol encore dallé de cette porte montre la trace des roues des anciens chars qui pouvaient pénétrer dans l'intérieur de la première enceinte renfermant un parc considérable. Nous passons sur les ruines d'une terrasse cruciforme placée en avant du gopura A, l'entrée orientale de la deuxième enceinte (voy. plan, page 39). Le mur est ici peu élevé. Son couronnement se compose d'une série continue de pierres de grès, ayant la forme de pommes de pin (voyez le dessin ci-contre qui en montre la coupe et une vue de face). Les assises de base sont en pierre de Bien-Hoa. Deux petites portes sont pratiquées sur les faces orientées au midi et au nord. La muraille est entourée d'une large chaussée dallée dont les parois maçonnées, longent un vaste bassin.

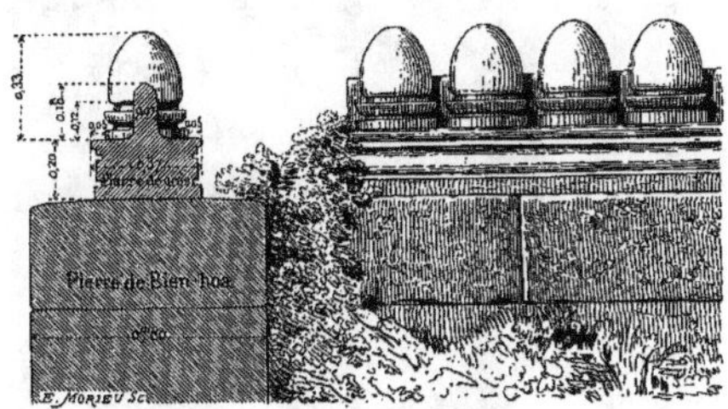

ORNEMENTS DE PIERRES PLACÉS SUR LA CRÊTE DU MUR D'ENCEINTE
A EKDEY.
(D'après nature.)

Le gopura d'entrée (A) est revêtu sur toutes ses faces de sculptures remarquables. Dans les trumeaux des fenêtres, on ne voit que d'élégants rinceaux encadrant des niches finement découpées dans lesquelles un dieu gardien tout armé et debout, veille sur ces lieux sacrés. Le grand vestibule intérieur du gopura est en forme de croix; ses voûtes étaient soutenues par une superbe colonnade. Lorsqu'on pénètre dans la seconde enceinte, on laisse sur sa droite un petit édicule ruiné (B), formé de pilastres encore en épannelage. En continuant de traverser la chaussée de pierre on arrive bientôt devant un palais dont les entrées ornées d'un portique sont monumentales. Le plan intérieur de ce palais se compose d'une vaste salle en forme de croix (voy. C, plan) ne recevant de lumière que par quatre petites cours (R), longues et fort resserrées par des portiques. Une grande galerie rectangulaire éclairée par des fenêtres et aussi par les petites cours, sortes d'atriums, enferme le tout. Ce premier palais est placé sur une grande plate-forme toute dallée qui entoure également l'enceinte des sanctuaires principaux (D) où nous entrons. Un cloître intérieur à double rangée de pilastres régnait tout le long de la muraille d'enceinte.

Beaucoup d'entre-colonnements de pilastres ont été murés avec des pierres de Bien-Hoa, sans doute à des époques récentes. Les voûtes sont tombées malheureusement presque partout. Une cour dallée (C) sépare le cloître des sanctuaires dont toutes les façades sont ornées à profusion de sculptures gracieuses composées de motifs pleins d'originalité d'une variété extrême. On a lieu de s'étonner cependant que dans ces ornements, tout ce qui touche à la statuaire soit relativement si imparfait. Les nombreuses Tévadas, danseuses célestes qu'on voit partout figurées en haut-relief, sont souvent défectueuses au point de vue de l'art. Si leurs bras chargés de bracelets, sont quelquefois trop longs, les mouvements qu'ils dessinent sont cependant gracieux et charmants dans leur naïveté. Les jambes sont mal modelées et les pieds, trop grands le plus souvent, sont toujours représentés de côté. On remarque à Angkor-Vat de nombreux spécimens de ce genre de bas-reliefs ayant les mêmes défauts (voy. planche VIII, page 23). La seule statue en haut-relief que j'ai remarquée ayant les pieds de face, est celle du dieu gardien du gopura d'entrée (A) qui

TÊTE DE DIVINITÉ KHMÈRE, FRAGMENT TROUVÉ
DANS LES RUINES DE EKDEY.
(D'après nature.)

est placé dans sa niche (voy. plan, en S). Sur les neuf dômes à plusieurs étages qui surmontaient les tours, il n'en reste que trois à peu près complets, ce sont ceux de la partie centrale.

Parmi les salles ruinées et les vestibules des sanctuaires, on trouve une quantité considérable de statues mutilées. Beaucoup d'entre elles sont intéressantes. J'ai ramassé une tête de Dieu (Vishnou sans doute) qui était presque enterrée dans la poussière. Elle m'avait fait trébucher dans les ruines au moment où mes mandarins, porteurs de la longue chaîne de rotin qui me servait à prendre les mesures nécessaires à mon relevé, voulaient bien m'aider dans mon travail. Cette tête, qui appartenait à une statue de petite dimension, n'a pas plus de quatorze centimètres

6

de hauteur, diadème compris. Son visage est gracieux, avec une expression pleine
de bienveillance. La coiffure, formée d'une couronne ornée de perles et de petites
palmes, est aussi très intéressante (voy. page 41).

En visitant attentivement ces ruines on remarque souvent des originalités assez
curieuses. Il en existe une surtout, pour la salle (T) placée en avant du sanctuaire
central. Il semble que cette salle ait été faite après coup sur l'emplacement de la
grande cour (O) occupée primitivement par les deux sanctuaires (N). Il a fallu sans
doute satisfaire à certains besoins du culte. La salle (T) sépare en deux parties la
cour (O) et voile de ses murailles (L, L) les parties d'une façade où l'on voit
encore de jolies sculptures qui étaient toutes dégagées auparavant. Les demeures
des prêtres de Brahma, construites en bois et recouvertes de chaume, étaient
probablement placées dans la deuxième enceinte de Ekdey, le long du Sra qui
entoure la grande plate-forme centrale. Il n'en reste plus de traces. Peut-être
étaient-elles groupées près du petit édicule (E) qui se trouve au milieu des arbres
sur le côté nord du plan. Les prêtres devaient traverser la chaussée de pierre
pour aller faire leurs dévotions dans les sanctuaires.

Actuellement, quelques Bonzes occupent avec leur misérable pagode moderne,
vouée à Bouddha, un assez vaste terrain surélevé, qui comble de ce côté une partie
du Sra. Ils vivent sous les ombrages de grands cocotiers dans des huttes primitives
et occupent leurs loisirs en cultivant leur champ de bananiers qu'ils ont gagné sur
la forêt envahissante (voy. plan, page 39).

Les ruines de Ta-Prôhm se trouvent tout auprès de Ekdey, le monastère. Elles
occupent une surface considérable. La première enceinte forme un rectangle de un
kilomètre sur six cent quatre-vingts mètres de côté. Les faces sud, ouest et est
ont une porte, celle du nord en a deux ; toutes sont surmontées de dômes aux
quatre faces de Brahma. C'est dans la deuxième enceinte qu'on nomme le mur aux
Joyaux, que sont enfermés le sanctuaire central et ses dépendances, ainsi que
l'ancien palais. Intérieurement au lieu de galeries, les quatre faces du mur aux
Joyaux étaient occupées par une longue suite de cellules égales en grandeur et
construites en briques. Les prêtres de Brahma ayant déjà leur demeure dans le
monastère de Ekdey, on peut supposer que ces cellules servaient d'abri aux soldats
de la garde du roi lorsque celui-ci habitait ce séjour sacré. On sait en effet qu'un
roi des Khmers, chassé de sa capitale, Angkor-Thom, par ses ennemis, fut forcé de
se retirer à Ta-Prôhm, qui devint sa capitale. Ces faits se passèrent vers le milieu
du xiiie siècle de notre ère, quand le royaume Khmer était déjà entré dans sa période
de décadence. Les longues galeries et toutes les façades des sanctuaires et édicules

KOUAT-KANSA (Cambodge)

Vue intérieure de la pagode située près de Kompong Chen sur les bords de la rivière Stoung.

D'après nature. (page 68)

sont comme à Banh-Yong revêtues de sculptures d'une variété extrême, malheureusement la plupart d'entre elles sont mutilées d'une façon voulue. Partout où
la figure de Brahma était représentée, le marteau a tout détruit. Les rinceaux
délicats et les gracieux motifs qui les accompagnent sont seuls restés intacts. Sur
le fragment de sculpture d'un pilastre (voy. planche IV, page 9) on peut juger des
méfaits commis par quelques fanatiques. On ne peut rien voir de plus gracieux
que la petite divinité placée au milieu des rinceaux composés de feuilles aquatiques. Elle semble vouloir rattacher sa chevelure répandue sur l'une de ses
épaules. A côté d'elle, deux guerriers armés de leur bouclier sont en adoration ;
plus bas, on remarque une tête fantastique de Rhéou (le diable). De sa mâchoire
effroyable sortent deux rinceaux au milieu desquels galopent des chevaliers
Khmers. Ces ornements charmants ne sont pas grands de proportion, ils tiennent
toute la largeur du pilastre qui n'a que *0,48 centimètres.*

Pendant le XIIIe siècle, l'influence des Bouddhistes devint plus grande parmi les
Khmers et les Brahmes furent persécutés par eux. C'est peut-être à ce moment
que Ta-Prôhm eut à subir les dégradations qu'on déplore aujourd'hui. Les ruines
de Ta-Prôhm peuvent compter parmi les plus belles du pays, mais elles sont malheureusement dans un état de délabrement plus grave que celles de Banh-Yong.
La forêt y est profonde et les arbres envahissent de toutes parts les merveilles
qu'il est permis d'admirer encore. Les racines de figuiers enveloppent entièrement les sanctuaires (voy. planche III, page 5), dans d'autres endroits ce sont des
sterculias gigantesques qui ont poussé au milieu des chaussées de pierre en soulevant toutes les dalles (voy. planche V, page 13). Leurs racines vigoureuses sont visibles au-dessus du sol jusqu'à plus de quarante mètres de distance. Semblables à
d'énormes serpents, elles pénètrent dans l'intérieur des galeries, faisant écrouler
les pilastres et les pans de murailles. On peut avoir malheureusement la certitude que dans un avenir peu éloigné tout sera détruit.

La date de la fondation de Ta-Prôhm est actuellement inconnue. Mais lorsqu'on
considère l'ensemble général des monuments, les sculptures et d'autres détails,
il semble que ces lieux sacrés ont été élevés peu après Angkor-Thom et Banh-
Yong, précédant ainsi que Ekdey le monastère, les monuments plus parfaits de
Angkor-Vat et de Beng-Méaléa.

Les ruines de **Mi-Baume** et de **Préa-rup** ne sont pas éloignées du village de
Bôn-taï auprès desquelles se trouvent Ta-Prôhm et Ekdey ; on peut s'y rendre
facilement à travers les rizières et la forêt avec les voitures à bœufs. Ces monuments ont été élevés à une époque moins ancienne que ceux dont nous venons de

parler, ils indiquent d'une façon évidente le commencement de la période de décadence dans l'art chez les Khmers.

Comme le Piméan-acas de Angkor-Thom, Mi-Baume, composé de terrasses superposées, forme un ensemble pyramidal. A Piméan-acas, ces terrasses relativement étroites, ne peuvent servir que de promenades ; à Mi-Baume au contraire, elles constituent de véritables plates-formes. Les architectes ont pu y disposer des édicules formés d'une salle unique destinée à servir probablement comme autant de caravansérails, aux pèlerins qui venaient à certaines époques de l'année faire leurs dévotions dans ce lieu sacré. On juge mieux de cette disposition, en voyant le plan ci-contre. La base de Mi-Baume est carrée. Sur la première terrasse, on remarque une plate-forme, sorte de chemin de ronde contournant un petit mur d'enceinte qui renferme les seize édicules (voy. en L) dont nous venons de parler. Chaque angle de cette terrasse construite en pierre de Bien-hoa était orné d'un éléphant sculpté un peu plus petit que grandeur naturelle. Il joue ici le même rôle

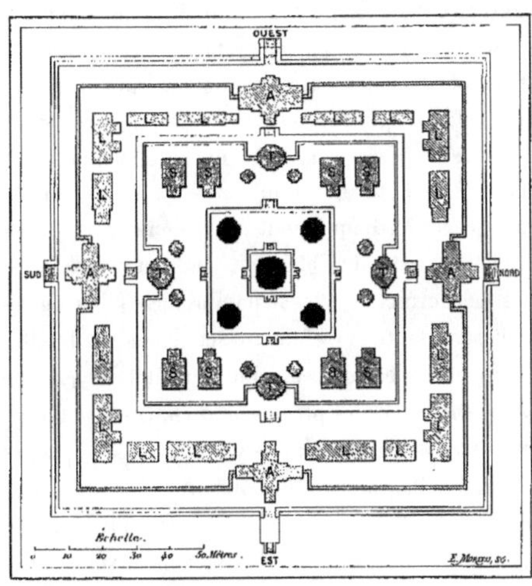

PLAN D'ENSEMBLE DE MI-BAUME (CAMBODGE SIAMOIS).
(Relevé sur place.)

que celui des lions de marbre que nous plaçons quelquefois à l'extrémité des terrasses de nos jardins. Quatre entrées monumentales (voy. le plan, en A) orientées suivant les points cardinaux, donnaient accès sur cette terrasse et dans chacun de leurs axes, des perrons à marches hautes conduisaient au niveau de la deuxième plate-forme. Quatre tours (voy. en T) ornées d'un dôme en marquaient les entrées, chacune d'elles étant accompagnée de deux petits sanctuaires isolés. Les huit édifices qui sont situés sur cette deuxième terrasse, n'ont pas le caractère habituel d'un sanctuaire, ils servaient peut-être de lieu d'habitation à des chefs de bonzes. On monte enfin les escaliers qui mènent à la troisième plate-forme où se trouvent quatre petits temples voués à des divinités diverses.

Quelques débris de statues et des restes d'autels y sont encore renfermés. L'un de ces sanctuaires, celui de droite, côté ouest, m'a semblé être voué particulièrement à Siva. On voit ce Dieu sculpté sur le motif milieu du linteau de la porte d'entrée. Il apparaît ayant un genou appuyé sur la tête de son éléphant favori, tandis que deux lions (Nrisinghas) debout, soutiennent sur leur tête le dais de forme trilobée sous lequel il est abrité. De la gueule ouverte de ces animaux fantastiques sortent des guirlandes de fleurs qui se terminent par un enroulement de feuillage au centre duquel on reconnaît le dieu à tête d'éléphant, Gonesh, fils de Siva et de Parvati, son front est orné d'une tiare. La composition de ce linteau ciselé si délicatement est complétée par d'autres petits rinceaux au milieu desquels de gracieuses divinités sont en prière, ou se livrent à des danses entraînantes. La quatrième et dernière terrasse sert enfin de base au sanctuaire principal ou Préa-Sat, qui est aussi surmonté d'un dôme élevé. La plus grande partie des édifices détachés qui composent Mi-Baume sont généralement construits en briques qu'on voit aujourd'hui à l'état fruste et criblées de nombreux trous. C'est surtout sur les pilastres, les frises des corniches et les chambranles qu'on en remarque le plus. Ces trous servaient sans doute autrefois au scellement de feuilles de métal qui contribuaient, dans ces parties des édifices, à l'ornementation générale en se mariant avec les sculptures exécutées sur les pierres de grès. Les plaques de cuivre ne suffisaient pas toujours aux artistes Khmers, ils y joignaient des pierres transparentes, des verroteries colorées brillamment et des miroirs.

Dans son récit le Tchin-la-foung-tou-ki, l'officier chinois raconte qu'il a admiré au Cambodge un monument dont la tour principale était dorée. On peut voir actuellement sur quelques moulures et chapiteaux d'Angkor-Vat, quelques restes de peintures et de dorures.

L'usage est resté, de nos jours, chez les Cambodgiens, de décorer les frontons et les toitures de leurs pagodes comme nous l'avons vu page 5. Ils suivent certainement en cela, les anciens modes de décoration des monuments de leurs ancêtres.

La pierre de grès à Mi-Baume est seule réservée pour les linteaux des portes et les petites colonnettes qui les supportent ainsi que pour les panneaux sculptés qui forment les fausses portes autour des sanctuaires. Les murs des terrasses, les soubassements sont en pierre de Bien-Hoa. Les éléphants sculptés aux angles de la première terrasse et les Songs qui ornaient les nombreux perrons sont aussi en pierre de grès.

Les ruines de Préa-Rup ont beaucoup de rapports avec celles de **Mi-Baume**.

Elles sont moins importantes que ces dernières, mais elles valent certainement une longue visite. L'édifice est conçu en forme pyramidale, ayant une base carrée et des terrasses superposées. sur lesquelles on monte par quatre perrons de pierre ornés de Songs et orientés aux quatre points cardinaux. Sur la plate-forme de la première terrasse sont disposées d'assez vastes salles destinées sans doute à l'usage des bonzes ou des pèlerins. Sur celle de la deuxième, vingt petits sanctuaires sé-. parés les uns des autres et rangés symétriquement à droite et à gauche des perrons, forment une sorte de cadre à la troisième et dernière plate-forme au centre de laquelle on voit le sanctuaire principal. Les angles de cette troisième terrasse sont occupés par quatre autres sanctuaires de moindre importance. Les constructions diverses qui composent Préa-Rup sont en briques, tandis que les murs de soubassement sont en grossières assises de Bien-Hoa. Peut-être les briques étaient-elles revêtues de plaques métalliques comme à Mi-Baume. Les linteaux sculptés des portes et fausses portes, seuls en grès et couverts de gracieux ornements, ont malheureusement souffert des injures du temps. La pierre de grès étant effritée en maints endroits, une grande partie des sculptures a disparu. Un des linteaux restait encore à peu près complet, les rinceaux de feuillages pouvaient être étudiés et admirés tant leur éxécution était précieuse et fine. Le motif milieu, intact, représentait Siva monté sur son éléphant tricéphale Aïrawaddi.

PLANCHE XIII

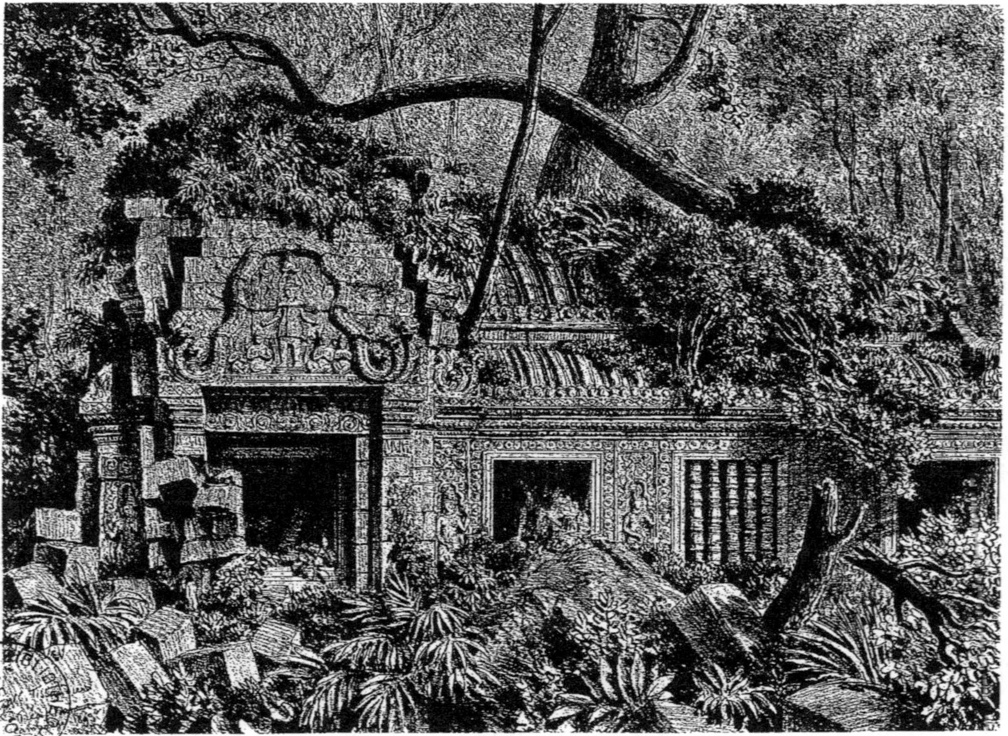

Phototypie Berthaud, Paris.

RUINES DE PRÉA-KHANE (CAMBODGE)

Aspect d'un édicule placé sur les bords de la grande chaussée de pierre.

D'après nature. (page 76)

CHAPITRE IV

NGKOR-THOM et Banh-Yong marquent la première période de l'art chez les Khmers. La fin de la dynastie de Préa-Thong fut troublée, comme on le voit dans les récits du Pongsa Voda. Le calme revint, ce fut pour les artistes cambodgiens l'époque d'une sorte de renaissance, qui commença dès le début du règne de Préa-Ket-Méaléa, prince renommé pour sa sagesse et son goût pour les arts.

Les annales Khmères disent que ce règne commença en l'an 57 de notre ère, avant la dynastie des rois Vorvongs qui adoraient Brahma. Le manuscrit antique du deuxième chef du clergé cambodgien prétend au contraire que les rois Vorvongs ont précédé la dynastie de Préa-Ket-Méaléa et qu'ils ont régné pendant une période de 373 ans. Préa-Ket-Méaléa n'aurait été mis sur le trône qu'en l'an 471 de Jésus-Christ ; sa dynastie aurait duré 254 ans, finissant en l'an 725. Il y a comme on le voit une différence de quatre siècles dans le récit donné par ces manuscrits, sur laquelle il est impossible actuellement de rien décider.

Les traditions conservées dans le pays s'accordent pour tout ce qui concerne Angkor-Vat. Sa fondation aurait été commencée au moment de la naissance de Préa-Ket-Méaléa. Voici la légende donnée dans le Pongsa Voda : Vers l'an 600 du Préaput sacrah, ou l'ère sacrée (57 av. J.-C.), la princesse Sophéa Vodey, fille du roi, mit au monde miraculeusement un fils qu'on nomma Préat-Ket-Méaléa (le divin éclat de l'or). Le dieu Indra fit annoncer par un message céleste qu'il était le père de cet enfant. Pour témoigner ensuite tout l'intérêt qu'il lui portait, il donna l'ordre à Visvacarma, l'architecte divin, de construire pour lui un magnifique palais orné de tours, afin de le loger dignement. Ce palais ne serait autre que Angkor-Vat.

Préa-Ket-Méaléa, devenu roi, prit le nom de Préa-bat-Somdach-préa-ket-Méaléa. Il eut deux fils et fit construire de nombreux sanctuaires dans son royaume. Indra lui faisait faire peu de temps après un deuxième palais orné de tours et de nombreux bassins. C'est celui qu'on désigne sous le nom de Beng Méaléa.

Le règne de ce roi fut heureux jusqu'en l'an 620 de Bouddha (c'est-à-dire jusqu'en l'an 75 après J.-C.). Préa-Ket-Méaléa tomba malade à cette époque et devint fou. Le dieu Indra qui le protégeait toujours envoya un Prôhm (Brahme céleste) pour le guérir, et le peuple Khmer le couronna une deuxième fois (en l'an 78 de J.-C.). Pour assister le roi qui avait retrouvé la raison, on lui donna un conseil composé de sept Brahmes, de sept Bonzes Bouddhistes et de sept grands dignitaires du royaume. Cet événement fut pour le Cambodge le début d'une ère nouvelle, le Moha sacrah ou la grande ère, qui servit de point de départ aux dates des événements politiques, tandis que l'ère du Préa-put-Sacrah continuait de marquer les faits religieux.

La religion de Bouddha était connue des sauvages Samrès et des Khams bien avant l'arrivée de Préa-Thong et ses compagnons, comme on l'a vu (p. 16).

Les missionnaires venus au Cambodge, qu'ils soient Bouddha lui-même, Ananda son disciple, ou Kieu-Tran-Nhu, convertirent un certain nombre de personnes au nouveau culte. Les Brahmanes purent admettre d'abord sans trop de résistances, la croyance nouvelle ; ils ne la craignaient point. Dans l'Inde, il en était de même ; le culte de Brahma y fut généralement observé 300 ans avant notre ère, malgré les efforts de Bouddha et de ses apôtres. En Indo-Chine, les

Khams, qui ont été les premiers à accepter la religion de Bouddha, devaient
être encore encouragés par les nouveaux venus, Préa-thong et ses sujets, Brahmanes
comme eux, à ne point changer de croyance.

Les Bouddhistes ne pouvaient, dans ces conditions, que rester modestes dans
leurs prétentions. Ce ne fut que plus tard, lorsque leur influence commença
à s'accroître parmi les populations, qu'il y eut alors des rivalités réelles, puis
des dissensions désastreuses.

L'époque de leur prospérité arriva sous la dynastie de Préa-Ket-Méaléa.

Le roi des Khams, éloigné du Cambodge, régnait dans le Laos au royaume
de Vien-chan, surnommé le royaume du sanscrit. Il envoya à Langka (Ceylan)
un grand nombre de religieux dans deux grandes jonques, pour aller copier
les livres sacrés où étaient écrites les règles de la foi bouddhique.

M. Aymonier, dans sa notice sur le Cambodge, donne le récit de cette tradition:
Dans le pays du sanscrit était un Brahmane de grande science qui, ayant embrassé
la religion de Bouddha, en connut bientôt toutes les lois, les ayant apprises
dans les recueils sacrés, mais les exemplaires complets en étaient rares. Ce que
voyant, ce Brahmane ordonna à un Phikou (Bhikhsous mendiant) nommé Khosa,
de se rendre au pays de Ceylan (Langka singhala) pour transcrire en entier les
recueils, afin que les fidèles de son pays puissent les étudier plus facilement.

Khosa Phikou obéit et ce travail gigantesque, rapidement achevé grâce à la
puissance merveilleuse de son stylet, il alla prendre congé du chef des Bonzes
et du roi de Ceylan. Celui-ci, charmé par l'éloquence et la sainteté de Khosa,
lui donna le surnom de Bouddha Khosa, l'élevant ainsi au-dessus des autres
mortels.

Khosa Phikou ayant fait préparer son bateau et transporter à bord les recueils
sacrés, choisit un jour favorable pour quitter Ceylan et rentrer dans sa patrie.

En ce moment, le divin Indra, ou le roi des anges (Préa Entréa Thirééch)
songeait ainsi : « Dans le royaume de Enthipat-Borey (un des anciens noms donnés
à Angkor) règne Préa-Ket-Méaléa ; ce prince est sage et ses sujets sont heureux.
Seulement ils ignorent la religion de Bouddha qui met les hommes dans la bonne voie
et Khosa vogue dans le pays du sanscrit où la doctrine est suffisamment connue. »
Alors Indra ordonna à l'ange du vent Préa Pœy de souffler de manière à porter le navire de Khosa sur les côtes de Enthipat-Borey. Le navire poussé par un fort vent
perdit sa route et vint s'arrêter au port de Kampot où le temps calme revint tout à
coup. Préa-Ket-Méaléa, ou l'un des rois de sa dynastie, prévenu par les mandarins,
sortit plein de joie des tours de Angkor, accompagné de toute sa cour, il

descendit en bateau à Kampot, se prosterna aux pieds du Bouddha-Khosa, le priant de venir enseigner la nouvelle loi, à lui et à tout son peuple. De retour à Angkor, ramenant le saint homme, il changea la destination des tours qui lui servaient de palais. Après en avoir richement orné l'intérieur, il les offrit au Bouddha-Khosa, qui les transforma en pagode pour son enseignement.

D'après cette tradition légendaire, la date de l'introduction officielle du Bouddhisme au Cambodge pourrait être placée entre les années 430 et 440 (après J.-C.). L'événement produit par l'arrivée des livres sacrés de Ceylan à Angkor-Vat, engendra une ère nouvelle, celle du Cholla-Sacrah. S'il faut en croire les annales dont nous avons parlé précédemment, ce serait l'année 638 de notre ère qu'il faudrait considérer comme exacte.

On voit combien, par ces traditions diverses, le trouble est grand ; la fondation de Angkor-Vat reste toujours incertaine. Elles montrent cependant que Angkor-Vat fut primitivement le palais d'un roi qui avait foi dans le culte Brahmanique et que plus tard un prince de sa dynastie le consacra à Bouddha. Depuis cette époque, malgré les révolutions et les désastres qui ont ruiné le Cambodge, Angkor-Vat a été respecté. Les Siamois, les Khams et les Annamites, à la suite de leurs empiètements et de la persécution qu'ils ont tour à tour fait subir à leurs ennemis, ont toujours épargné ce lieu sacré entre tous.

En considérant le plan d'ensemble de Banh-Yong et celui de Angkor-Vat, on est frappé de la différence notable de la composition des deux chefs-d'œuvre. Les architectes, à Banh-Yong, ont cherché à resserrer les galeries et les sanctuaires le plus possible, pour obtenir un aspect grandiose, qu'on peut embrasser d'un seul coup d'œil. Ses cinquante dômes rapprochés, s'étageant graduellement sur les terrasses, semblent disposés autour du sanctuaire principal pour ne former en quelque sorte qu'une pyramide unique.

A Angkor-Vat, les effets de perspective sont tout autres par suite du plus grand développement donné aux galeries et de l'espace laissé entre chacune des enceintes. Les dômes qui surmontent les tours sont plus éloignés les uns des autres, ils se détachent séparément sur le ciel. Aussi n'est-ce que de loin qu'on peut saisir l'ensemble complet de la pagode royale. On voit alors les sanctuaires placés sur chacune des terrasses s'échafauder en silhouettes merveilleuses pour servir de cadre au Préasat central qui domine tout l'édifice.

Le plan de Angkor-Vat ou Nocor-Vat (la pagode royale) forme un rectangle entouré par d'immenses bassins qui bordent un premier mur d'enceinte dont le développement a près de cinq mille mètres. Les entrées principales sont

RUINES DE PRÉA-KHANE (CAMBODGE)

Vue d'une des tours qui entourent le sanctuaire central.

D'après nature (page 78)

orientées exceptionnellement à l'ouest, contrairement à l'usage des Khmers qui
partout les ont placées vers l'est, comme l'avait remarqué l'officier chinois,
auteur du Tchin-là-foung-Tou-Ki (voy. p. 22). On trouve également d'autres
entrées, pratiquées dans la muraille d'enceinte, correspondant aux axes principaux de la pagode sur les faces orientées à l'est, au sud et au nord. Chacune d'elles
est ornée de beaux portiques et de riches sculptures. Dans l'axe de l'édifice, nous
voyons d'abord la plate-forme ornée de songs dont j'ai parlé (p. 12) et la longue
chaussée dallée de pierres traversant toute la largeur des bassins extérieurs pour
conduire au gopura, l'entrée principale réservée aux piétons. Ce gopura forme
un ensemble composé de trois pavillons surmontés chacun d'un dôme et reliés
par des portiques. Les entrées ainsi groupées sont surnommées, m'ont dit les
bonzes, le Cûc-moha-réach ou les grottes royales. On y trouve des statues de
dieux, la plus intéressante est l'idole colossale d'une divinité qu'on suppose être
Siva.

Les pilastres et les chambranles de l'entrée principale sont couverts d'ornements dont l'état de conservation est parfait. Il n'en est pas de même malheureusement pour ceux des frontons de cette partie de l'édifice. La planche VI (page 15)
nous montre un fragment du pilastre placé à gauche de l'entrée principale du
gopura et du chambranle de la porte. Ce pilastre n'a que 0^m,46 de largeur ;
on y voit au centre des rinceaux, des danseuses dont le buste nu semble sortir
d'une fleur. Elles sont parées de bijoux et font des poses gracieuses, tandis que
sur le chambranle (sa largeur est de 0^m,11), des divinités plus petites, mais
non moins charmantes, dansent d'une façon joyeuse dans les feuillages découpés.
A la suite du Cûc-moha-réach, sur chaque côté les portiques continuent, ayant
une longueur de près de 50 mètres, pour se joindre à deux autres grandes portes
qui servaient pour le passage des éléphants et le service des chars.

Le mur plein de ces portiques éclairés du côté ouest par une double rangée de
pilastres, est lambrissé de sculptures finement ciselées représentant une série
de niches peu profondes qui renferment une Tevada taillée en haut-relief.
Les cadres des niches formés de palmes, de feuillages aquatiques, semblent
presque dessinés sur la muraille, tant ils ont peu de saillie. Ils sont interrompus
régulièrement et s'alternent avec des rinceaux dont les ingénieux enroulements
sont terminés par des Nagas aux têtes multiples. Cette frise sculptée est
placée dans la galerie, à environ 1 mètre au-dessus de son sol dallé. Les
Khmers avaient, comme les Cambodgiens actuels et tous les Indiens d'ailleurs,
l'habitude de s'accroupir sur leurs talons pour se reposer. Dans cette posture,

les gracieuses Tevadas dansant, placées exactement à la hauteur de leurs yeux, pouvaient être admirées par eux à loisir.

Les embrasures des fenêtres et les tableaux des portes sont couverts du haut en bas d'ornements ayant, comme à Banh-Yong, l'aspect d'une étoffe brodée tendue sur les murs. Parmi les rinceaux de feuillages, je remarquai à côté d'animaux fantastiques, d'intéressants petits motifs représentant des guerriers Khmers dans différents costumes. L'un d'eux vient de lancer sa flèche ayant tendu son arc, un autre porte sa massue. Voici un soldat Khmer dans une posture de combat, tenant son sabre levé pour en frapper son ennemi, un autre lutte en se défendant avec son bouclier. Quelques-uns m'ont semblé plus curieux encore. Ceux qui tiennent une massue et une hache ont la tête couverte d'un grand masque ressemblant à quelque figure de démon ou à un animal d'aspect fantastique (voy. fig., page 53). Sans doute les guerriers Khmers s'affublaient-ils ainsi pour effrayer leurs ennemis, à la manière des Chinois qui imaginaient autrefois les épouvantails et les masques les plus effrayants. Les Japonais également, dès le vi⁰ siècle de notre ère, lors de l'apparition du Bouddhisme en leur pays, adoptèrent les masques pour leurs danses religieuses et les représentations théâtrales. — Peut-être prirent-ils en cela, l'exemple sur les Chinois et les Khmers.

Lorsqu'on sort des pavillons qui forment le Cûc-moha-réach, on entre dans un parc considérable. De nombreuses fondations d'habitations diverses, des restes d'anciens bassins ou de terrassements peuvent être partout découverts sous la végétation. La chaussée dallée qui servait au dehors de pont sur les bassins, continue à l'intérieur, marquant l'axe principal du monument. On remarque bientôt deux petits palais, puis, à environ 500 mètres de distance, deux Sras magnifiques. Au-dessus de l'un d'eux, près de la longue chaussée, une sala construite sur pilotis est installée par les bonzes pour servir d'abri aux touristes désireux de séjourner à Angkor. C'est là que je campai. Nous arrivons enfin à la plate-forme de la première terrasse bordée de balustrades formées de longs serpents, sur laquelle se développe toute la pagode royale (voyez plan, page 55). C'est sur cette plate-forme, à droite et à gauche de l'entrée principale, que se trouve actuellement la bonzerie où vivent les religieux gardiens des ruines. Ils ne font plus leurs dévotions dans les sanctuaires, ayant pour cet usage une petite pagode moderne construite grossièrement en bois sur les bords du Sra.

En avant de la façade principale de Angkor, les Khmers ont édifié une grande terrasse (A) qui affecte la forme d'une croix; elle est presque de même hauteur que le grand soubassement sur lequel repose la pagode royale tout entière. On y monte par trois grands perrons ornés de Songs. Les murs latéraux de cette terrasse sont flanqués d'une série de colonnes basses entièrement dégagées qui supportent le bandeau et les balustrades. Elles sont semblables d'aspect et de proportions à celles qui supportent le pont construit sur les bassins de Beng-Méaléa dont j'ai fait le relevé (voy. page 89).

Du sol de cette terrasse, quelques marches à monter suffisent pour gagner l'entrée de Angkor et pénétrer dans les premières galeries (voy. B sur le plan).

GUERRIERS KHMERS.
(Fragments de sculpture pris sur les tableaux des portes à Angkor-Vat, d'après nature.)

Elles ne sont éclairées que d'un seul côté, ses voûtes sont soutenues par le mur plein des faces intérieures, et une double rangée de colonnades formées de pilastres carrés très riches en sculpture. J'ai pris un fragment de ces ornements ; il représente une gracieuse danseuse du ciel entourée de feuillages aquatiques. Elle est fort petite d'exécution, n'ayant que 0^m,08 de hauteur, sa coiffure comprise, et se trouve sur un pilastre du côté nord (voy. page 46). Ce sont ces galeries qui renferment les bas-reliefs extraordinaires, véritables merveilles de ces lieux sacrés, qui excitent l'admiration de tous les voyageurs.

Les galeries orientées au sud sont occupées, du côté droit, par des sujets représentant les supplices que les Khmers doivent endurer dans les enfers et les béatitudes dont ils jouissent dans le paradis. Les juges infernaux rendent leur sentence et les démons s'emparent des gens dont la vie a été répréhensible pour les livrer aux supplices les plus fantastiques. L'enfer est ici divisé en de nombreux compartiments, autant de panneaux tous remplis de sujets épouvantables et lugubres, qui témoignent de l'imagination féconde des sculpteurs Khmers. Les Chinois seuls, dans leurs temples, ont des peintures et des sculptures qui arrivent presque à les égaler. On ne saurait, en effet, inventer de tortures plus effroyables. Les démons versent de l'eau bouillante dans la bouche des damnés, arrachent leurs membres, ou les exposent sur des charbons ardents. D'autres s'emparent des malheureux pour leur arracher les yeux et les dents, les crucifier ou piler leurs membres dans des mortiers. Les damnés sont autre part dévorés vivants par des oiseaux de proie ou foulés aux pieds par des éléphants infernaux, etc. A la suite de toutes ces horreurs on est heureux de voir la béatitude éternelle et la joie qui règnent dans le paradis des Khmers.

Les élus sont conduits par les anges d'Indra ou les Préa-chedoc-loc, dans des jardins délicieux. Les réunions joyeuses sont partout sous les ombrages divins et parmi les fleurs. Les danses, conduites par les Tevadas du ciel et la musique que font les célestes Apsaras, réjouissent les élus qui ont pour demeure des palais enguirlandés de perles et de bijoux.

Du côté gauche de cette même galerie, les bas-reliefs montrent le triomphe de la paix et la grandeur du roi Préa-Ket-Méaléa. Nous voyons le roi entouré de tous les grands de sa cour, présidant une cérémonie importante. Il reçoit les hommages des rois vaincus devenus ses tributaires. Tous défilent devant le trône royal sur lequel Préa-Ket-Méaléa est assis à l'orientale. Ils le saluent, et l'admirent en lui présentant leurs différents insignes et bannières. Le roi a le torse nu, mais son cou et ses bras sont chargés de colliers ou de nombreux bracelets ciselés. Sa chevelure longue, relevée sur sa tête, est maintenue par un léger diadème et d'autres ornements.

Les galeries orientées au nord et à l'ouest sont occupées par des sculptures qui rappellent l'épopée grandiose décrite dans le Ramayana, le célèbre poème Hindou. Ce sont les exploits de Rama (incarnation de Vishnou) et ceux du géant Râvan, le roi de Langka (Ceylan).

Rama, pour obéir à un serment fait imprudemment par son père, le roi Dasaratha, est forcé d'abandonner ses droits à la couronne pour les remettre à l'un de ses frères, Bharata, et d'aller vivre dans la retraite au milieu des forêts avec la princesse sa femme, Sita (incarnation de Lakshmi, déesse de la beauté

Phototypie Berthoud. Paris.

RUINES DE PRÉA-KHANE (Cambodge)

Détail du linteau et du chambranle d'une fenêtre.

D'après nature. (page 78)

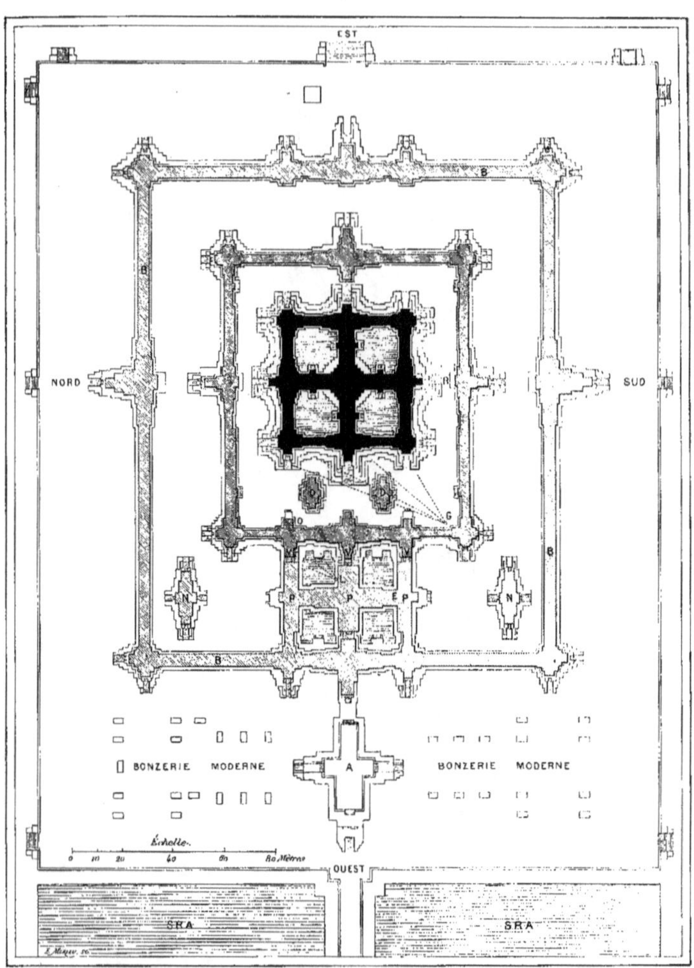

Plan partiel de Angkor-Vat montrant l'ensemble des galeries et sanctuaires principaux.
(Relevé sur place.)

et de la fortune) et son frère Lakshman, résolu à le suivre dans sa disgrâce.

Des aventures les plus merveilleuses arrivent aux exilés, dans cette forêt hantée par des géants et des démons de toutes sortes. La princesse Suparnakha, sœur du roi Râvan, aperçoit un jour Rama et devient follement éprise de lui. Elle lui demande de vouloir bien l'épouser, mais Rama repousse ses offres, lui disant qu'il est marié à la princesse Sita. Furieuse de ce refus, et poussée par la jalousie, Supernakha conçoit le projet de tuer la femme de Rama. Au moment où elle va mettre son projet à exécution, elle est aperçue par Lakshman qui pour la punir, lui coupe aussitôt le nez et les oreilles et la chasse bien loin. Supernakha demande bientôt aide et protection à son frère, le géant Râvan, qui la voyant ainsi défigurée prend pitié d'elle et jure de la venger.

Le roi Râvan ne tarde pas à enlever par ruse dans un char magique, la princesse Sita et l'enferme dans un palais mystérieux de son royaume. Rama éperdu, à la nouvelle de l'enlèvement de sa femme et ne pouvant vivre sans elle, emploie tous les moyens pour la retrouver et la reprendre à son ravisseur. Ne pouvant agir seul, il s'allie à Sugriva, le roi des Vanars (race des singes), et au héros simien Hanuman qui a su découvrir le lieu où Sita est cachée.

Ce dernier est chargé par Rama d'aller trouver Sita pour la prévenir et l'assurer de sa délivrance prochaine. Pendant ce temps une armée est organisée afin de combattre le roi Râvan, mais pour atteindre Ceylan il faut traverser la mer. Les singes de Sugriva aidés par leurs amis de la tribu des Dasyas construisent en cinq jours une chaussée gigantesque pour le passage de leur armée. Rama parvient alors devant la ville de son ennemi. Des batailles s'engagent, bien des héros meurent à la peine et Rama lui-même est blessé, mais il est secouru par Garuda, l'oiseau merveilleux de Vishnou, qui le guérit avec des herbes magiques. Protégé par les Dieux, comme les héros de l'*Illiade*, Rama rencontre le géant Râvan. La mêlée devient terrible ; Kartikeya, dieu de la guerre, et ses soldats montés sur des paons, Indra lui-même porté par son éléphant Ayravat, Brahma avec ses quatre visages, monté sur la grue divine Hansa, luttent bravement contre les géants du roi de Langka. L'armée des singes de Sugriva fait des prodiges de valeur ; elle est évidemment supérieure à celle des géants qui couvrent le sol de leurs cadavres et de blessés. Outre les singes qui l'aident si bien, Rama à d'autres alliés dans les animaux divins, êtres étranges et fantastiques, parmi lesquels on remarque les lions surnaturels, ou Nrisinghas, qui sont attelés aux chars des combattants ou leur servent de monture, et l'oiseau Jatayus, l'un des fils de Garuda et l'ami fidèle de la princesse Sita.

La victoire est proche, Rama armé de son arc merveilleux que lui a donné Siva transperce son ennemi de ses flèches. La princesse Sita est enfin délivrée. Cette légende compliquée et fantastique est retracée à grands traits sur les murailles de ces galeries; si nous nous dirigeons vers celles de l'est, nous voyons d'autres sujets non moins intéressants. Celui qui frappe le plus est sculpté sur la galerie est, côté droit du plan. C'est le barattement de la mer de lait exécuté par les Dieux Souras et les démons Asouras.

La scène se passe au-dessus de la mer dont les eaux transparentes sont remplies de poissons de toutes les espèces et de monstres marins. Au centre du long panneau sculpté, se trouve le mont Mérou, l'axe du monde, soutenu au-dessus des eaux par une tortue colossale, une des incarnations de Vishnou. L'immense corps du roi des serpents, le Naga Vasouki ou Ananta, est enroulé autour du mont Mérou et s'allonge, soutenu du côté de sa tête à faces multiples par les Souras et du côté de la queue par les Asouras. Le Naga Vasouki a consenti pour la circonstance à faire de son corps un câble gigantesque que les Dieux et Démons tirent en sens contraire et en cadence. Ils obéissent à la divinité, peut-être Vishnou, que l'on

BRAHMA SUR SON CHAR DE GUERRE.
(Fragment des bas-reliefs de Angkor-Vat.)

voit placé sur la carapace de la tortue. Au commandement solennel le mouvement fatal est produit, le mont Mérou tourne et la mer de lait barattée produit l'Amrita, la liqueur de l'immortalité.

Des Dieux supérieurs prennent part à cette opération divine, on les reconnaît parmi les nombreux travailleurs célestes ou infernaux qui se sont alliés pour achever cette grande œuvre.

Brahma avec ses plusieurs visages, Siva, sont du côté de la tête du roi serpent, tandis que Hanuman, le singe demi-Dieu, ou Sugriva, le roi des Simiens, sont occupés à tenir l'extrémité de sa queue. Les parties supérieures de ce bas-relief sont remplies par des Tévadas et Apsaras groupées en foule compacte et formant des nuages merveilleux. Elles élèvent leur bras au-dessus de leur tête et soutiennent dans leurs mains de longs serpents qu'elles semblent balancer par des mouvements gracieux. Toutes expriment une joie sereine et pure, c'est la béatitude permise seulement à des divinités du paradis, elles célèbrent enfin la réussite de l'opération surnaturelle de l'Amrita.

Je dois m'arrêter ici dans la description des bas-reliefs de Angkor. Il y aurait bien d'autres scènes à décrire, car toutes sont intéressantes. Si leur exécution est quelquefois naïve, les compositions en général sont vraiment extraordinaires, pleines de mouvement et d'une fantaisie inépuisable. Les détails ne sont pas moins curieux et méritent une longue attention. Les costumes des guerriers, les armes employées par les mortels et les dieux, les palais splendides et les forêts enchantées du paradis ne peuvent lasser les regards. Parmi les nombreux chars et les attelages de chevaux, de bœufs, etc., figurés dans les bas-reliefs, on remarque la perfection avec laquelle les roues sont représentées. Elles montrent qu'à cette époque il y avait une fabrication très variée. Les roues semblent être en bois ou en fer et bois, quelquefois même en fer uniquement. Les Khmers avaient donc une grande habileté dans l'art du charronnage et surtout, sans doute, un outillage très perfectionné. Les chariots des bas-reliefs sont souvent aussi l'exacte image de ceux qui sont en usage aujourd'hui au Cambodge. Un timon allongé et recourbé en forme d'arc, un siège minuscule pour le cocher, les ornements sculptés pour les diverses pièces principales, on remarque tout cela dans les voitures de luxe actuelles. Sur la gravure (page 57), il est facile de reconnaître le Dieu Brahma ou Prôhm à la vue de ses quatre têtes couronnées d'une tiare. Il possède une quantité de bras, ses mains tiennent toutes des épées, son genou de gauche est plié, tandis que celui de droite s'appuie sur la petite plate-forme d'un char léger dont les roues, aux fins rayons, semblent être métalliques.

Le cheval, curieusement harnaché, galopant au travers de la foule des combattants, est conduit par une divinité qui se tient debout sur sa selle à la manière de nos écuyers d'hippodrome.

Après la longue contemplation des bas-reliefs de cette galerie unique au monde, dont le développement complet n'a pas loin de sept cents mètres, revenu vers l'axe principal de l'édifice, on pénètre sous des portiques superbes supportant des voûtes en ogive; leur plan est en forme de croix, quatre bassins ou Sras en accentuent le dessin, leurs eaux limpides reflétant les pilastres et les corniches sculptés les font paraître encore plus riches et plus élégantes dans leurs proportions. (Voy. en P, sur le plan.)

Les bonzes ont déposé sous une partie de ces portiques (voy. plan, en E) tous les fragments de sculptures, stèles, débris de statues qu'ils ont pu recueillir

Phototypie Berthaud. Paris.

RUINES DE PRÉA-KHANE (Cambodge)

Vue d'un des petits édicules placés en avant de la dernière enceinte du sanctuaire central.

D'après nature. (page 79)

aux environs ou dans le parc de Angkor. C'est une sorte de musée où se trouvent des échantillons d'époques très différentes, parmi lesquels on en voit de fort intéressants. Sur les bas-côtés de ces portiques, dans l'axe des bras de la croix, deux entrées donnent accès à un grand jardin dans lequel on remarque deux petits palais dont on ne saurait dire l'utilité d'une façon précise (voy. en N). Les bonzes m'ont dit qu'ils devaient servir autrefois pour renfermer les manuscrits sacrés. A l'extrémité de ces portiques (P), de grands escaliers droits pratiqués dans des passages voûtés (voy. en V) vous conduisent à une deuxième galerie rectangulaire ayant à chacun de ses angles une tour dômée.

La planche n° VII, page 19, donne l'aspect du passage marqué en V sur le plan, il est vu du point L. Le double portique et les frontons s'élèvent graduellement et font comprendre les paliers différents combinés dans les escaliers intérieurs et dans ceux du petit portique extérieur qui montent jusqu'au sol de la deuxième galerie. L'abondance et la richesse des sculptures sur les façades sont inimaginables. Les moulures des frontons formés de serpents dont les têtes multiples se relèvent aux angles, les ornements exécutés en haut-relief, en gravure ou en faible saillie sur les corniches ou sur les murs, font comprendre combien les artistes Khmers possédaient la science des contrastes. La pierre est partout travaillée, chargée d'ornements, cependant chacun d'eux est en valeur sans nuire à ceux qui les entourent.

Les assises du haut soubassement qui porte la deuxième galerie, sont taillées dans de larges et magnifiques moulures, également couvertes de curieux ornements.

La deuxième galerie est plus étroite et moins importante que celle des bas-reliefs. Ses murailles, dépourvues à l'intérieur de toutes sculptures, sont percées par une série continue de fenêtres fermées par de hauts balustres finement sculptés, destinés à atténuer l'ardeur des rayons du soleil. Cette galerie enferme une seconde cour ou jardin. Les façades extérieures et intérieures sont ornées de sculptures en haut-relief placées dans les trumeaux de chacune des fenêtres. Elles se composent de Tévadas, vêtues d'étoffes transparentes et de bijoux précieux. Nous donnons un de ces panneaux sculptés (voy. planche VIII, page 23). L'aspect en est pris du point O (voy. sur le plan, page 55). Leur tête est coiffée d'un haut diadème surmonté de fleurs formant comme autant de panaches. Ces Tévadas, de physionomie souriante, sont groupées, le plus souvent, deux par deux; leurs bras chargés de bracelets sont gracieusement enlacés, tandis que leurs mains tiennent des fleurs de lotus ou des bijoux.

De même que dans l'intérieur de la cour inférieure, on remarque deux

édicules (D) placés à droite et à gauche de l'axe principal. On croit aussi qu'ils
servaient de bibliothèques. Avec ses bas-reliefs de Tévadas gracieuses, cette cour
surélevée possède d'autres merveilles; ce sont les perspectives étonnantes formées
par l'immense terrasse, avec ses escaliers colossaux sur lesquels sont placés les
dernières galeries et le préasat central ornés de dômes.

La planche n° IX, page 27, donne une idée de l'aspect de la pagode royale.
La vue est prise du point G (voy. plan, page 55). Elle montre la façade de Angkor-
Vat orientée à l'ouest, avec son haut soubassement, ses grands escaliers et ses
dômes formés d'étages chargés de stèles.

Les ruines couvertes de lianes, qu'on voit à gauche du dessin, sont celles d'une
des antiques petites bibliothèques (voy. en D sur le plan). Le grand escalier qu'on
remarque, à droite, était complètement caché par des arbustes et des plantes
grimpantes, ainsi que la partie supérieure de la terrasse, mais avec l'autorisation
des bonzes mes hommes ont pu les couper dans toute cette partie de l'édifice,
dégageant ainsi les belles moulures sculptées de toutes les assises et les ornements
de ce soubassement sans pareil. J'ai relevé sur l'un des bandeaux la figure
originale de Rhéou (le diable) au milieu de feuilles aquatiques, avec ses pieds
fourchus. Il forme un ornement continu, se répétant des milliers de fois le
long du soubassement (voy. en R sur le plan et page 14).

Il faut exécuter l'ascension des nombreuses marches semblables à celles de
Banh-Yong dont j'ai parlé (page 23) et ce n'est pas toujours fort aisé, les emmarchements étroits étant usés en maints endroits.

Nous arrivons au niveau de la troisième et dernière galerie qui encadre le
grand sanctuaire. Elle possède intérieurement une double rangée de pilastres,
tous délicatement sculptés, et communique au préasat par quatre larges portiques
ayant l'aspect de ponts triomphaux construits au-dessus des quatre bassins qui
complètent l'ensemble de cette partie aérienne de l'édifice. Les pilastres qui
soutiennent les voûtes sont ornés de jolies sculptures d'une grande délicatesse.
Voici le spécimen (voy. planche X, page 33) de l'une des faces de ces pilastres
carrés, qui en montrera mieux que toute description la composition originale.
Les rinceaux s'enroulent artistement pour encadrer une petite divinité en prière
dont la dernière partie du corps disparaît dans les feuillages. Les faces de
ces pilastres n'ont que 0^m,47 de largeur. Le grand dôme du préasat central couronne quatre sanctuaires, qu'il faudrait plutôt comparer à de grandes
niches n'ayant pas d'autre communication entre elles, que celle des colonnades extérieures. Elles sont placées chacune, dans l'axe des portiques et

renferment de grandes statues de Bouddha, qui sans doute autrefois étaient dorées; mais l'état de dégradation dans lequel elles se trouvent, leur enlève tout l'intérêt qu'elles pourraient avoir. Elles sont placées sur de larges piédestaux auprès desquels on peut approcher en montant quelques marches. Dans presque toutes les galeries de Angkor-Vat, il y avait primitivement au-dessus de la corniche intérieure, un plafond de bois formant des caissons richement sculptés, dorés ou rehaussés de peinture. Ils cachaient entièrement les voûtes en ogive construites par joints horizontaux, qui restent aujourd'hui à découvert.

Les tours d'angles surmontées d'un dôme renfermant la statue d'un Dieu, étaient closes, de même que les ouvertures des passages munis d'escaliers, par de lourdes portes à panneaux décorés. Les traces des trous creusés dans les murs pour recevoir les pivots et les saillies de pierres ménagées à la partie supérieure des chambranles ou sur les seuils, sont visibles encore dans de nombreux endroits. Ces boiseries devaient ajouter à la beauté du monument, mais pendant des siècles le climat chaud et humide a fait son œuvre, de même que les myriades d'insectes destructeurs. Toutes ces menuiseries artistiques sont tombées en poussière, sauf quelques débris épars qu'on retrouve encore et qui font comprendre la décoration d'origine.

Pendant mon séjour à Angkor-Vat, vivant dans un monde fantastique révélé par les sculptures de ces lieux sacrés, constamment sous le charme des merveilles que je découvrais chaque jour, j'oubliais l'isolement où je me trouvais... c'était l'admiration perpétuelle. Toujours suivi par quelque Bonze ou un de mes mandarins qui ne me perdaient pas de vue un instant, malgré les longues poses que je faisais pour dessiner, j'étais surveillé mais non gêné cependant par eux, restant libre de tout étudier. On doit approuver cette mesure sévère recommandée par le gouvernement siamois. Des voyageurs ont brisé quelquefois des sculptures pour en emporter des fragments. Les Siamois disent que ce sont surtout des touristes anglais qui ont commis ces méfaits. J'espère que la remarque est vraie. Les Français, plus respectueux des choses de l'art, n'auraient jamais le mauvais dessein de rien détruire, ni l'idée d'emporter sans autorisation, le moindre débris de pareils monuments.

Le soir, ayant terminé mes tournées dans la pagode royale, je rentrais dans la sala où mon cuisinier avait préparé mon repas frugal. Pendant mon absence, il prenait souvent quelques poissons qui pullulent dans le Sra émaillé de lotus rouges et blancs. Lui et mes hommes, conducteurs de chariots, savaient en faire rapidement une abondante récolte. Ils entrent dans l'eau peu profonde, quelquefois

jusqu'aux genoux, et circulent parmi les fleurs aquatiques sous lesquelles ils
trouvent d'innombrables petits poissons. Ils les guettent armés de leur long cou-
teau, et leur donnent un léger coup sur la tête, qui suffit pour les étourdir et les
tuer. Pour me distraire, je prenais souvent part à cette pêche d'un genre original
et certainement peu connu, sans cependant être assez adroit pour faire des
victimes. Il faut, en effet, une grande habitude pour ne pas manquer son coup,
mais je savais profiter de l'expérience de mes compagnons qui me procuraient
une friture, d'ailleurs fort inférieure. Ces poissons du Sra sacré ont des arêtes
dures, nombreuses et une chair peu savoureuse. En ce pays, au milieu dès forêts,
il faut savoir se contenter des présents que les dieux Brahma, Siva ou Bouddha,
je ne saurais dire lequel, veulent bien vous envoyer.

La nuit tombée, j'allais quelquefois faire une visite au chef des Bonzes, dans sa
hutte primitive. Grâce à mon interprète, nous pouvions causer ensemble des
ruines d'Angkor et des quelques jeunes enfants dont il dirigeait l'éducation. Cet
homme bienveillant me conduisait ensuite chez ses voisins, les bonzes artistes,
pour me faire donner un concert d'instruments. Je passais ainsi de courtes soirées
agréables et très pittoresques chez ces braves gens, avant de regagner ma demeure
aérienne sur pilotis.

A la fin de novembre où j'étais alors, les eaux du Sra commençaient à se
retirer et l'air devenait sans doute malsain ; je n'y prenais pas garde, mais un jour,
en dessinant une Tévada céleste dans les galeries du Cûc-moha-réach, je me sentis
pris d'un frisson. C'était la fièvre malarienne qui s'emparait de moi. Avec ma provision de quinine j'ai pu la surmonter quelques jours, mais il a fallu bientôt quitter
Angkor. Les voyages en voiture à bœufs et en barque ne sont pas faits pour les
personnes souffrantes, il était temps pour moi d'atteindre Phnom-Penh et de
gagner enfin l'hôpital où je restai près de cinq semaines.

Raconter les tristes journées qu'un touriste passe à lutter contre la fièvre,
serait bien morose ; j'ai tâché d'oublier, d'ailleurs, ces vilains moments, pour ne
me souvenir que du secours efficace que me prêta M. Pinard, le plus aimable
docteur qu'on puisse connaître, et des soins que les sœurs dévouées ne m'épar-
gnèrent pas. Comme je l'ai dit dans ma préface, je devais commencer par mes
excursions en Cambodge siamois, je continuerai par celles que j'ai faites aux
frontières cambodgiennes.

Phototypie Berthaud, Paris.

SPEAN-TAON (CAMBODGE)

Vue d'une partie d'un antique pont Khmer.

D'après nature (page 82)

CHAPITRE V

OUR parvenir au village de Kompong-Thôm situé sur le chemin des ruines cambodgiennes, il n'y a point de service de bateaux à vapeur comme pour atteindre la ville siamoise de Siemréap. Désireux d'ailleurs de voyager à la manière des indigènes, je loue une barque dans laquelle mes hommes placent mes bagages et toutes mes provisions renouvelées. L'heure du rendez-vous venue, j'allais quitter le port de Phnom-Penh; nous sommes au moment de partir, mon cuisinier n'apparaît point, l'inquiétude est générale. Il accourt enfin accompagné de son épouse éplorée. L'homme se jette à mes pieds, m'avouant sa faute, la cause de son inexactitude. Les piastres que je lui avais données d'avance, destinées à sa femme pour qu'elle puisse subsister pendant son absence, et ce qui ne pouvait m'être indifférent, à l'achat d'un sac de pommes de terre et de haricots pour mon usage, avaient toutes été perdues par lui au jeu du Baquan. Le malheureux était comme tant d'autres, atteint de la passion du jeu. Pour mettre fin à la scène de larmes, je remis quelque argent à la femme qui se consola aussitôt, voyant que j'avais confiance en elle. Elle alla elle-même au marché, m'acheter mes légumes, pendant que les bateliers gardaient mon cuisinier, prisonnier dans la barque. Il aurait été capable d'aller encore tenter la chance avec les nouvelles piastres données. La femme revint bientôt et me remerciant de ne l'avoir pas abandonnée dans son malheur, elle nous souhaita bon voyage.

Le courant du Mekong est difficile à remonter pour les rameurs, mais le vent, heureusement pour nous, étant favorable, on put mettre la voile et nous arrivons à la nuit non loin de Cherin-Chamrès. Mes hommes attachent la barque à un gros arbre en secouant d'abord les branches pour faire tomber les serpents qui s'y trouvent quelquefois. Mon cuisinier me fait mon dîner et je passe la nuit sous ma moustiquaire. Notre voyage reprend son cours dès l'aurore, en longeant les bords du fleuve couverts de bambous, et de roseaux. Je vois par instants, tout près de la barque, des crocodiles effrayés, qui passent à la nage, montrant le bout de leur museau hors de l'eau. Des singes nous suivent par moment le long du rivage, en sautant de branches en branches et de nombreux oiseaux s'envolent autour de nous. Ce sont les distractions du voyageur. Nous arrivons à Kompong-Chenan après deux journées de navigation. Ce village commande l'entrée du grand lac Tonlé-Sap, il est entièrement inondé, sauf le terre-plein où se trouve une pagode pittoresque reconstruite sur le modèle de l'ancienne qui tombait en ruine. Chaque habitant vaque à ses affaires avec sa pirogue n'ayant, pendant plus de quatre mois par année, que ce moyen pour correspondre avec son voisin.

Le mouvement dans la ville est relativement considérable par suite de l'industrie importante qui occupe une partie des habitants. Kompong-Chenan est connu par ses fabrications de poteries de toutes sortes qui sont exportées partout dans la province.

A l'entrée du village, je remarque quelques maisons curieuses élevées sur de grands radeaux faits de tiges de bambous, et amarrées le long du fleuve. Ces demeures ornées de balcons ou de petites terrasses au plancher à claire-voie, remplies de fleurs, s'élèvent ou s'abaissent suivant le niveau des eaux. Leurs habitants peuvent, grâce à cette disposition ingénieuse fort utile en ce pays, se déplacer à leur guise en profitant de l'inondation sans être obligés de troubler en rien leurs dieux pénates.

Nous nous arrêtons devant les escaliers de la maison du directeur du télégraphe, Annamite intelligent qui parle le français avec facilité, c'est lui qui nous offre l'hospitalité, les hôtels n'existant pas à Kompong-Chenan. Il m'annonce que M. A. Leclère, résident de France à Kompong-Thôm, prévenu déjà de mon arrivée prochaine, m'a envoyé un milicien pour me servir de guide. En cette saison, il est possible d'abréger singulièrement son voyage. Au lieu de chercher à gagner le cours sinueux du Stung-Sen ou rivière du Sacrifice qui se jette dans le lac Tonlé-Sap, les rameurs peuvent se diriger à travers les plaines et les forêts inondées jusqu'à Kompong-Thôm. Le trajet peut s'exécuter ainsi en douze heures environ, tandis qu'en allant par la rivière il faudrait près de quatre journées.

Nous ne tardons pas à quitter Kompong-Chenan. Le Mekong est traversé et bientôt nous nous trouvons sur une véritable mer, couverte de roseaux. Les cimes des arbres en grande partie submergés se détachent à l'horizon; quelques-unes plus hautes que les autres, servent de point de repère à notre guide, pilote habile, sachant s'orienter sans hésitation sur cette nappe d'eau qui semble sans limite. La solitude est complète en ces lieux étranges (voy. page 63); le calme absolu en est seul troublé par la voix de l'homme qui, excitant les rameurs, leur indique la direction à suivre.

Kompong-Thôm (le grand marché) était autrefois une ville assez florissante. Sa décadence est venue par suite des guerres. Actuellement ce n'est plus qu'un grand village de 6 à 7 000 âmes environ, entouré de marécages qui s'étendent à perte de vue. Trois Français y habitaient lors de mon séjour, le résident et son secrétaire, puis le commandant de la milice cambodgienne composée de cent hommes indigènes.

Après une cordiale réception de M. A. Leclère, le résident, qui m'offre l'hospitalité dans sa maison bien aérée, placée dans un joli jardin, je suis conduit par lui chez le gouverneur cambodgien de Kompong-Thôm. Les salutations d'usage terminées, la conversation ne tarde pas à languir malgré la bonne volonté de nos interprètes. Le gouverneur, pour mieux nous honorer, désire nous offrir un concert à la mode du pays. Il nous fait asseoir sur des sièges à l'européenne dans sa grande salle de réception, à la toiture de chaume. Des vases remplis de fleurs, posés sur les balcons de bois du large portique qui prend vue sur la rivière du Sacrifice, sont les principaux ornements de ce séjour officiel. On y remarque aussi les sièges surmontés d'un léger dôme qui servent au gouverneur lorsque, pendant la saison sèche, il voyage sur ses éléphants, ainsi que les enseignes en bois doré qu'on porte devant lui quand il sort à pied dans le village, enfin quelques armes curieuses. Les musiciens attendus s'installent sur des nattes et chacun d'eux prend possession de son instrument. Les harmonicas de bambous, timbales, tambourins, flûtes, violons, etc., dont se servent les Cambodgiens ont été trop souvent décrits pour que j'aie besoin d'en parler plus en détail. La musique semble tout d'abord étrange pour des oreilles européennes, mais on saisit bientôt, au travers des accompagnements donnés par l'orchestration, des motifs gracieux, souvent mélodieux, dont le caractère ne tarde pas à vous intéresser. Prenant bientôt congé de notre aimable hôte indigène, M. Leclère me conduit dans les parties de la ville où les eaux ne sont pas parvenues. La principale avenue est bordée de cases construites sans aucune symétrie. Beaucoup d'entre elles sont accompagnées d'un petit jardin et sans les beaux arbres qui s'y trouvent quelquefois, l'aspect général semblerait pauvre, presque misérable : nous rentrons en pirogue à la résidence, mais à peine étions-nous débarqués que des cris se font entendre dans le fond du jardin. Un jeune milicien apparaît en courant vers nous, il est tout en sang. « C'est un tigre qui a failli le dévorer pendant que nous étions dans les hautes herbes, » nous racontent tout émus, les deux camarades qui le suivaient. « La bête s'est élancée sur son dos, le déchirant déjà avec ses griffes, heureusement que par nos cris nous avons réussi à la faire fuir. »

M. Leclère visite aussitôt le pauvre garçon. Son dos est en effet tout lacéré par les griffes du tigre et par les morsures profondes faites par lui ; il y a d'autres plaies encore le long de ses cuisses. Les blessures bien lavées et les pansements faits, le courage revient à la pauvre victime qui n'avait dès lors besoin que de quelques jours de repos, pour se remettre de cette effrayante alerte.

Au moment de mon passage à Kompong-Thôm, M. Leclère avait à faire une tournée dans la province ; il eut la gracieuseté de m'offrir l'hospitalité dans sa chaloupe à vapeur et de m'accompagner jusqu'à Kompong-Chen, lieu où recommandé par lui aux gouverneurs cambodgiens, j'aurais toutes les facilités pour continuer ma route. Nous partons à dix heures du soir pour arriver dès l'aurore sur le lac Tonlé-Sap et gagner l'embouchure du Stung-Bang ou Stoung qu'il faut remonter.

Il est fort difficile de trouver sa vraie route au milieu de l'inondation si grandiose qui couvre le pays. Le pilote hésite souvent avant de s'engager dans l'embouchure de la rivière, il se perd ensuite dans le labyrinthe sans fin formé

SPEAN-TAON (Cambodge)

Vue d'une des stèles qui ornaient l'entrée de l'antique pont Khmer.

D'après nature. (page 82)

par les arbres et les hauts roseaux. On fait des détours et de nombreuses explorations avant d'entrer à nouveau dans le lit de la rivière, dont on s'écarte fréquemment sans pouvoir s'en rendre compte. Nous y pénétrons enfin, et nous ne craignons plus d'en sortir, le Stung-Stoung étant encaissé maintenant par de grands arbres couverts de lianes. Le bruit de notre machine à vapeur et la fumée effrayent les centaines de perruches vertes qui s'envolent autour de nous ainsi que les aigrettes blanches, les poules sauvages et martins-pêcheurs habitants de ces lieux déserts. Les lianes fleuries et les vignes sauvages suspendues aux arbres, nous barrent quelquefois le chemin. Notre chaloupe a douze mètres de longueur, elle avance difficilement dans la rivière fort étroite, qui forme des courbes fréquentes et très brusques. Souvent il n'y a que bien juste la place de passer entre les arbres. A tous moments nous avons des surprises nouvelles, sur ce cours d'eau dont les rives sont féeriques. La nuit vient rapidement en ce pays où le crépuscule est inconnu, aussi sommes-nous forcés de mettre à l'ancre dans un endroit idéal près d'une hutte, Thom-Car-Seban (maison de garde des rizières). Elle est habitée par son propriétaire et sa femme qui viennent habiter dans ce lieu isolé quatre mois de l'année afin de surveiller leur récolte de riz. Il s'agit de la défendre contre les oiseaux et les singes.

M. Leclère prie le gardien des rizières d'aller avec sa pirogue prévenir de sa présence, le gouverneur du village de Kok-Tréa peu éloigné du lieu où nous étions arrêtés. Le lendemain matin nous le voyons apparaître. Il monte à bord de la chaloupe et saluant le résident, il lui offre selon l'usage ses cadeaux : c'est-à-dire quelques poulets, des œufs et des noix de coco. Ce cérémonial accompli, nous naviguons de compagnie jusqu'au village de Kok-Tréa où il faut s'arrêter quelques instants. L'arrivée de la petite chaloupe à vapeur précédée de la barque du gouverneur, prend bientôt les proportions d'un événement dans ce petit pays où les habitants vivent dans leur case à la manière des sauvages. Ceux-ci avaient entendu parler sans doute des machines diaboliques en usage chez les Français, mais la plupart n'en avaient jamais vu, aussi la curiosité était-elle excitée au plus haut point.

Kok-Tréa est peu intéressant et la pauvre pagode de bois, son seul ornement, bien insignifiante. Nous reprenons notre route pour atteindre Kompong-Chen, et nous installer à la manière habituelle dans la grande sala du village située sur la rivière.

Mon compagnon et ami, son devoir administratif une fois rempli, s'occupe d'un soin charitable qui me paraissait fort intéressant, pendant la durée de sa tournée. Partout où il s'arrête il fait prévenir aussitôt les mères de famille et les jeunes gens qui ne se font pas prier pour accourir sachant par la renommée le but utile de cet appel.

M. Leclère s'est donné le devoir de vacciner les enfants. La sala où nous étions campés, servant aussi à Kompong-Chen de salle de justice, à certaines époques de l'année, est plus vaste et mieux entretenue que les autres. Elle devient bientôt un lieu de rendez-vous général et se remplit rapidement. L'opération du vaccin n'est ni longue ni difficile à accomplir, les jeunes gens d'abord, puis chaque bébé, tenu dans les bras de sa maman, sont opérés en conscience. La récompense du résident de France consiste dans les sourires reconnaissants des pauvres mères qui certaines d'avoir préservé désormais leur enfant du terrible fléau qui ravage le pays, les ramènent joyeusement dans leur case. Aux environs de Kompong-Chen, on peut visiter plusieurs monuments intéressants : nous nous rendons à la jolie pagode moderne de Kouat-Kansa (voy. pl. XI, page 37), située au milieu d'un délicieux enclos rempli de bananiers, de cocotiers et de palmiers. Elle est gardée par vingt bonzes qui ont chacun leur case cachée sous les fleurs. Les bonzes au Cambodge ont parmi eux des représentants de toutes les classes de la société. Recrutés dans le peuple, on y rencontre quelquefois d'anciens esclaves qui, obtenant de leur maître l'autorisation d'entrer dans les ordres, deviennent libres par ce fait. D'anciens mandarins se trouvent souvent chez les Bonzes et par exception même des princes, qui lassés des jouissances de ce monde ont voulu avant de terminer leur existence se vouer à Bouddha. Tous obéissent aux mêmes règles, à la même discipline religieuse et tous peuvent à volonté renoncer ou reprendre leur vocation.

Leur mission consiste à faire des prières pour le bien général. Ils doivent ensuite s'occuper de l'éducation et de l'instruction des enfants.

Ce sont les bonzes enfin qui entretiennent, gardent le plus souvent les salas de chaque localité.

La vue intérieure de la pagode de Kouat-Kansa (voy. pl. XII, page 43) donne un aperçu de toutes celles du pays. Ce n'est pas autre chose qu'un hangar construit entièrement en bois.

Les fermes de la toiture sont soutenues par de légères colonnettes octogonales dont les faces sont alternativement peintes en noir ou en rouge avec un semis de petites rosaces dorées. Élevé sur un soubassement en pierre de 80 centimètres de hauteur environ, le sol de la pagode est en terre soigneusement damée. Les idoles, construites d'abord en briques, puis modelées grossièrement en terre et revêtues d'une sorte de stuc, sont dorées. Leur aspect est des plus primitifs et l'expression de leur visage est généralement grotesque. L'art n'est plus pour rien dans ce genre de sculpture. Le portique de proportion basse, destiné à garantir le plus possible les fidèles du soleil, est soutenu par de légères piles de bois ornées de consoles représentant des garudas aux ailes déployées ou d'autres figures fantastiques. La toiture, avec ses tuiles de bois en forme d'écailles, ses découpures et ses pignons revêtus de mosaïques de verres, complète l'ensemble de la pagode de Kouat-Kansa, la plus pittoresque parmi celles des villages que j'ai traversés dans ma pérégrination.

On peut visiter en remontant la rivière au delà de Kompong-Chen, une autre pagode et quelques tombeaux assez curieux. Ce lieu nommé Kompong-Chdey a été habité autrefois, m'a dit le chef des bonzes, par les rois qui y avaient fondé une ville dont on voit quelques vestiges dans les marécages au moment des basses eaux. Persécutés par les guerres, ils auraient séjourné à Kompong-Chdey pendant un certain nombre d'années. L'un d'eux fut enterré dans le cimetière. Le mot Chdey veut dire en cambodgien monument funéraire.

Le tombeau est fait de grosses pierres de Bien-Hoa, formant une sorte de pyramide. La porte d'entrée est ornée par deux petites colonnettes de pierre de grès dépourvues de chapiteaux. Elles portent un linteau dont les sculptures représentent, au milieu de rinceaux délicats, une tête de Rhéou (le diable), portant le dieu Siva monté sur son éléphant (voy. page 89). Les rinceaux sont terminés par des Nagas tricéphales malheureusement ruinés, servant de support à un brahmane en prière. La pagode est assez riche en petites statuettes de bronze, représentant des dieux divers. Grâce à la recommandation du résident, le bonze voulut bien m'en donner deux en cadeau. Malgré sa résistance, il finit par accepter enfin sur ma prière, deux piastres, qu'il distribua aussitôt à quelques pauvres du voisinage. Ces statuettes très anciennes de 0,34 centimètres de hauteur, ne manquent pas de caractère ; elles sont finement exécutées. Les Cambodgiens actuels seraient incapables d'en exécuter de semblables. Des traces de dorure existent encore sur les ornements du diadème, sur le large collier ainsi que sur les bracelets de l'une d'elles (voy. page 88).

Cette dernière excursion de Kompong-Chen marquait pour moi le moment de ma séparation avec mon aimable compagnon de voyage. M. Leclère devait continuer sa tournée administrative vers d'autres points de la province. Il me laisse avec les deux mandarins qui dorénavant doivent être mes protecteurs et mes guides. Je quitte la jolie chaloupe à vapeur du résident, pour monter dans ma grande barque, où m'attendent des rameurs vigoureux.

Nous atteignons vers la fin du jour Kabao où nous passerons la nuit. Mes hommes se mettent en quête des haches et des longs couteaux qui doivent bientôt leur servir pour couper les branches d'arbres dans la forêt. Pendant ce temps, je visite la jolie pagode de Gham-Bau-Bam, située au bord de l'eau, sous les ombrages épais d'arbres magnifiques et j'assiste au spectacle pittoresque que me donnent les nombreux pélicans de la localité. Malgré notre présence, ils continuent à pêcher gravement et à happer les poissons qu'ils trouvent en abondance dans la rivière dont le courant est ici des plus rapides. Au lever du jour, nous quittons la barque qui ne pourra plus nous servir ; il faut mettre tous les bagages dans les pirogues que mes mandarins ont réquisitionnées pour mon usage. Ces pirogues longues et étroites ne sont pas très pratiques pour un Européen. Il doit prendre quelques précautions pour y entrer afin de garder son équilibre. Le moindre faux mouvement ferait tout chavirer. Une fois accroupi dans la pirogue, il doit aussi se surveiller, pour ne se pencher que le moins possible.

Les pirogues nous transportent à travers les champs et la forêt inondés. Rien de plus joli que ce court voyage exécuté parmi les hauts roseaux et sous une voûte d'épais feuillage (voir la tête du chapitre, page 15). Nous ne tardons pas à distinguer les grands palmiers à sucre et les cocotiers de Kron, lieu qui marque en ces parages, les dernières limites des terres inondées. C'est là que nous débarquons pour monter dans des charrettes attelées de bœufs. Les conducteurs prévenus la veille nous attendaient, exacts au rendez-vous, et nous conduisent à Dong qui m'apparaît comme un jardin délicieux au milieu de l'épaisse forêt. Les notables de cette localité sauvage viennent à notre rencontre pour me faire les cadeaux de bienvenue. Ce sont des noix de coco, des œufs de canard et une poule. Ils m'installent ensuite dans la sala où je m'arrête pour que nous puissions tous songer à prendre notre repas. La curiosité de Dong consiste dans sa bonzerie où quatorze bonzes, habitant des huttes primitives, s'occupent de l'éducation des jeunes enfants du hameau, et dans sa pagode pittoresque. Je n'ai pu résister au désir de prendre la vue de ce saint lieu où la vie se passe si calme et si recueillie (voy. page 27). Les bonzes bienveillants se sont groupés autour de moi en mâchant leur chique de *bétel* et grâce à mon interprète, nous avons pu échanger quelques mots.

Ils désiraient surtout quelques crayons rouges et du papier blanc, choses rares pour eux et toujours désirées. Je pouvais heureusement satisfaire leurs vœux ; on m'avait prévenu à Phnom-Penh d'avoir une provision de ces objets ainsi que des foulards de coton, aux dessins de couleurs éclatantes, pour faire des ca-

Phototypie Berthaud, Paris.

RUINES DE BENG-MÉALÉA (Cambodge)

Aspect de l'écroulement complet du sanctuaire central.

D'après nature. (page 85)

deaux aux bonzes et aux notables des hameaux dans lesquels je devais passer.

A partir de Dong, le voyage continue toujours au travers des épaisses forêts ou des clairières marécageuses pendant quatre journées. Les chemins à peine tracés sont souvent perdus absolument sous l'épaisse végétation. Les hommes coupent des arbrisseaux, des petits arbres quelquefois, pour permettre à nos bœufs de passer avec les chariots qu'ils traînent. Ce sont aussi de nombreux ruisseaux, devenus rivières en cette saison (septembre et octobre) qu'il faut passer à gué. Les accidents sont fréquents et causent de longs retards ; les chariots versent souvent, presque brisés dans les ornières, autant de précipices, quelquefois une roue ou l'essieu d'une voiture sont rompus à la suite d'un choc terrible. Le défilé des chariots est alors interrompu pendant le temps que les hommes vont chercher dans la forêt la pièce de bois nécessaire pour la réparation qu'ils font sur place, ou la tige de rotin qui rattachera quelque pièce mal assujettie. Ces chariots sont construits uniquement en bois, tout objet de fer y est inconnu. Les assemblages sont arrêtés par des chevilles de bois, les moindres liens sont faits avec du rotin. Tout cela est très primitif, mais dans les chemins des forêts cambodgiennes, une voiture perfectionnée résisterait encore moins à des cahots perpétuels et les réparations seraient chose impossible dans ces lieux déserts. Des arrêts successifs retardent notre marche ; nous ne pouvons, dès le premier jour, gagner le hameau, l'étape habituelle des rares voyageurs. Il faut camper dans la forêt et dormir sous le ciel étoilé. Les hommes vont chercher le bois nécessaire à la cuisson de leur riz et se préparent à se régaler de la chair d'un iguane qu'ils ont trouvé en chemin. Ils me l'apportent, enchantés de leur chasse improvisée ; l'animal avait près d'un mètre de longueur. C'est un mets succulent, me dit mon interprète ; il est certain qu'ils l'ont tous dévoré du meilleur appétit. Pendant ce temps, nos buffles dételés et laissés en liberté mangent près de nous une herbe épaisse et tendre. Ces patients animaux vont ensuite prendre dans le plus proche marécage, un bain prolongé, ne laissant souvent voir au-dessus des eaux que leur museau. Ils resteraient ainsi, s'ils pouvaient satisfaire leur caprice, des journées entières, pour éviter les piqûres des mouches qui les harcèlent continuellement et aussi pour être plus au frais. Pendant une de ces haltes faites dans la forêt, j'ai pu faire le dessin du bain des buffles (voy. page 75).

La nuit vient, le campement est bientôt illuminé par quelques torches faites de feuilles de palmier, enveloppant des tiges enduites de résine et maintenues avec des cordelettes de rotin. C'est la torche cambodgienne qui, une fois fixée à une branche de bois plantée en terre, est capable de vous éclairer pendant une partie de la nuit. La pluie ou de violents orages en cette saison retardent souvent notre pérégrination; les grandes feuilles des palmiers servent alors de parapluie à mes conducteurs et d'abri pour faire la cuisine (voy. page 26), tandis que je puis m'étendre sur mes nattes, sous la bâche en roseaux de mon chariot, pour rêver à loisir ou pour écrire mes notes de voyage en m'asseyant à la turque. Notre troisième journée en forêt a été féconde en malheurs. Mon interprète a eu une secousse tellement violente dans sa voiture, par suite de l'essieu qui s'est rompu, qu'il en est resté quelques heures tout indisposé, puis mon tour est venu. Une roue de mon chariot en se détachant de l'essieu, est venue s'arc-bouter sur l'appui où je tenais ma main, et mon doigt emprisonné entre les pièces de bois, ne pouvait être dégagé malgré mes efforts. La douleur me fait pousser un cri, mes hommes accourent enfin pour me délivrer, mais mon ongle était complètement arraché et ma main couverte de sang. Mon cuisinier a ramassé l'ongle sanglant tombé sur le gazon et m'a demandé de le conserver en souvenir de moi ! Malgré ma souffrance momentanée, je n'ai pu m'empêcher de rire, à la pensée que cet homme avait le désir de mettre mon ongle à côté des griffes de tigre, dont il fait, m'a-t-il dit, une grande collection dans la hutte qu'il possède avec sa femme à Phnom-Penh.

Malgré ces péripéties, le voyage se continue lentement, nous arrivons au petit hameau de Ankron, notre dernière étape avant d'arriver près des ruines de Préa-Khane.

Ce hameau minuscule se compose de six ou sept huttes au plus, il est habité par des sauvages, les Kouys, qu'on rencontre aussi dans plusieurs endroits des forêts qui couvrent la province de Kompong-Soaï.

Le royaume du Cambodge possède encore actuellement d'assez nombreuses tribus de sauvages qui vivent parsemés dans les parties peu explorées de son territoire. Les Samrès, dont nous avons déjà parlé, sont surtout dans les régions d'Angkor-Thom. Ils sont paresseux et ne travaillent que juste ce qu'il faut pour satisfaire aux besoins de leur existence. Les Pors sont groupés dans la province de Pursat, ce sont des montagnards assez industrieux. Ils font même un certain commerce avec les belles pirogues qu'ils savent tailler dans le tronc de leurs grands arbres. Les Phnongs vivent sur la rive gauche du Mekong, au nord, près de la frontière du Laos. Les Prous, les Rodès, les Canchos, etc., viennent ensuite. M. Leclère, le résident de France à Kompong-Thom, qui est resté longtemps dans le pays, me disait que ces tribus ont un langage très différent, quoique vivant quelquefois très voisines les unes des autres. Il pense qu'elles formaient autrefois des peuplades plus importantes dont on ne saurait dire le véritable pays d'origine, et qu'elles ont été décimées et chassées par les Khmers ainsi que par leurs ennemis les Khams ou les Siamois.

Constamment persécutés et poursuivis, ces sauvages auraient cherché dans les lieux les plus isolés, des retraites où ils pourraient vivre sans être troublés.

Ces malheureux sont généralement méprisés des Cambodgiens actuels qui les considèrent comme des êtres inférieurs. Parmi toutes ces races diverses ce sont les Kouys qui passent pour être les plus intelligents. Ils savent fabriquer le fer et c'est avec les lingots qu'ils ont su travailler, qu'ils payent le tribut qu'ils doivent au roi Norodom. Au lieu d'être livrés comme les autres sauvages à une idolâtrie complète, beaucoup d'entre eux ont adopté la religion de Bouddha. Ils restent cependant superstitieux; croyant aux mauvais esprits et au diable, ils cherchent à se les rendre favorables en célébrant des fêtes annuelles en leur honneur. Les Kouys ressemblent d'ailleurs aux Cambodgiens, si mes mandarins ne m'avaient point prévenu, je ne me serais aperçu d'aucune différence, restant si peu de temps parmi eux. Leurs cases comme toutes celles du pays, bâties sur pilotis, sont peut-être généralement plus petites que celles des Cambodgiens des villages que je venais de visiter quelques jours auparavant.

Ces pauvres gens sont en tout cas obligeants et discrets avec les étrangers qui passent chez eux. On remarque d'ailleurs que presque partout ces sentiments existent, même dans les lieux les plus reculés du monde. Ils sont aussi hospitaliers à leur manière de même que leurs compagnons fidèles, les chiens. Quelques-uns se sont laissé caresser par moi. Je remarquai avec curiosité leur bizarre collier composé d'une série de vertèbres desséchées d'un serpent cobra reliées par une légère lanière de cuir. — C'est, disent les indigènes, un préservatif contre les effrayantes morsures de ces reptiles qui, reconnaissant aussitôt au cou de l'animal les ossements d'un confrère, n'osent plus attaquer celui qui les porte. Les Kouys nous ont installés dans deux petites cahuttes recouvertes d'un chaume en roseaux. C'était peu pour ma petite troupe composée de quinze personnes. Les mandarins et mon interprète s'emparent d'un de ces abris, réservant l'autre pour moi. Les hommes allument sept à huit feux différents aux alentours et couchent dans les chariots ; quant à nos seize buffles, accoutumés à notre présence, ils trouvent sans s'éloigner de nous les herbes verdoyantes qui constituent leur repas. Les jardins plantés près des cases sont abandonnés par ces sauvages qui les cultivent à peine. On y trouve cependant des bananiers et des patates douces qui poussent dans les mauvaises herbes. C'est bien la vraie misère pour ces hommes perdus dans la forêt. Un des habitants de ce hameau primitif s'est approché de moi et, me saluant, il m'offre quelques bananes en cadeau. C'est alors que j'éprouvais du plaisir à avoir en réserve des foulards de cotonnade, pour pouvoir rendre cette politesse. Après la nuit passée, nous quittons Ankron pour arriver à la fin du jour sur une petite hauteur nommée Thnal-Pras-Strating. C'était là que je devais camper quelques jours. Ce lieu très sauvage, en pleine solitude, est à deux kilomètres environ des ruines de Préa-Khane. Non loin de là, vivent quelques familles indigènes dans le misérable hameau de Krassang que je n'ai pas eu le temps d'aller visiter. Les notables, avertis par un courrier envoyé par mes mandarins, avaient pu faire construire à la hâte quelques abris couverts de branchages pour moi et mes compagnons de route, considérant cet endroit comme étant plus sain et mieux aéré (voy. page 47).

RUINES DE BENG-MÉALÉA (CAMBODGE)

Vue d'une partie des salles en croix bordées de quatre étangs sacrés.

D'après nature. (page 86)

CHAPITRE VI

OMME toutes les autres ruines cambodgiennes, Préa-Khane est pour ainsi dire enfoui actuellement sous une végétation qui a tout envahi. Elle cache les chaussées et les ponts de pierre, les restes des hautes murailles et des tours ruinées. Les bassins sacrés et les canaux sont en partie comblés par suite des éboulements de leurs murs de quai et par les amas séculaires des plantes aquatiques.

L'importance des ruines presque entièrement écroulées témoigne suffisamment de la somptuosité que pouvait avoir cet antique séjour des Khmers. Ce lieu formait l'ensemble complet d'une citadelle dans laquelle étaient enclavés un sanctuaire et des palais divers. Il y avait sans doute aussi une ville dans l'enceinte fortifiée qui couvrait une superficie de près de 5 kilomètres carrés.

Non loin de Préa-Khane, on voit encore les restes importants que je n'ai pu visiter, de Preat-Col et de la pyramide de l'éléphant sacré, puis enfin, perdues dans les lointaines solitudes, les ruines de Kakéo.

La fin de septembre et le mois d'octobre sont encore au Cambodge en pleine période de la saison des hautes eaux. Les habitants du village de Krassang avaient pratiqué pour moi dans la forêt, en coupant les buissons et les arbres, un sentier et abattu, pour me faire un passage sur les terrains inondés, quelques longues branches destinées à me servir de pont pour arriver dans les ruines. La visite de l'ensemble complet de Préa-Khane ne m'était pas permise en cette saison, et bien des détails ont dû m'échapper par ces raisons. Je devais me contenter de la vue du sanctuaire central et des quelques autres ruines dont l'accès était possible.

On découvre tout d'abord, pratiqué dans la première muraille d'enceinte, un grand gopura sous lequel il faut passer. Son sol est dallé de larges pierres et comme à Ekdey, les usures faites par les roues des chars sont encore visibles; puis continuant à travers l'épaisse forêt parmi les débris amoncelés sous les herbes, on remarque quelques ruines assez importantes d'anciens monuments. L'un d'eux, placé sur le bord d'une antique chaussée, est surtout remarquable. Son unique salle voûtée est encore restée presque intacte. Elle donnait accès à une tour dont il ne subsiste aujourd'hui que la base ornée d'un élégant fronton couvert de sculptures (voy. planche XIII, page 47). La largeur des galeries qui encadrent généralement les sanctuaires ou les palais Khmers est toujours de peu d'importance. Il est rare qu'elle dépasse 3 mètres. Les architectes cambodgiens les élevaient par assises de pierres posées en encorbellement. Il était impossible de leur donner, par suite de ce mode de construction, une grande portée. La salle de ce monument ruiné (voy. plan, page 77) n'a pas moins de 3^m,80 de largeur. Les assises qui forment la voûte sont placées suivant un encorbellement inusité. C'est le seul échantillon de ce genre qu'il m'ait été possible de voir dans les ruines de ce pays. Sur la face orientée au midi, la muraille s'élève droite jusqu'à la corniche de faible saillie qui sert de base à la voûte, mais sur la face nord, l'encorbellement commence à la naissance du sol pour arriver graduellement à la même hauteur. Grâce à cette combinaison ingénieuse des assises horizontales, la voûte est solidement établie malgré sa portée. Les pierres, dans la partie supérieure de l'intrados, sont grossièrement taillées. Les architectes avaient jugé sans doute que l'obscurité étant presque complète dans cette partie de l'édifice, il était inutile d'en soigner le ravalement, comme ils l'avaient fait plus bas sous la corniche (voy. coupe, sur l'axe A. B).

Les anciens Khmers excellaient dans l'art de fabriquer des briques, mais ils n'employaient pas de tuiles pour couvrir leurs monuments importants. Dans l'édicule qui nous occupe, probablement voué à quelque dieu, les assises extérieures de la voûte, l'extrados, étaient taillées en forme bombée et creusée alternativement, de manière à produire de grosses nervures donnant l'aspect de tuiles. Ces nervures s'arrêtaient à la naissance de la crête de pierre aux ornements ajourés et sculptés, commençant au-dessus de la corniche d'entablement par une sorte de stèle toujours décorée.

Les voûtes des galeries de Banh-Yong, d'Angkor-Vat, de Beng-Méaléa, etc.,

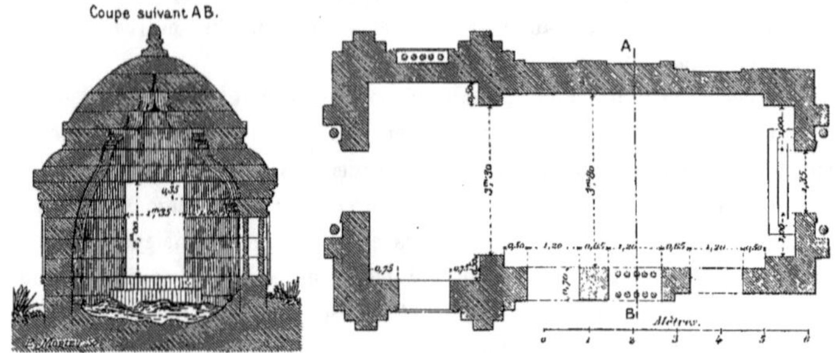

PLAN ET COUPE D'UN ÉDICULE SITUÉ DANS L'ENCEINTE DES RUINES DE PRÉA-KHANE.
(Relevé sur place.)

sont toutes construites dans le même caractère. Malgré l'état de ruine du petit monument que j'ai dessiné, on distingue assez nettement les nervures sculptées sur l'extrados et les stèles qui en cachaient la naissance au-dessus de la corniche d'entablement (voy. planche XIII, page 47).

En continuant ma route, mes guides me mènent devant un large pont de pierre dont les parois sont presque entièrement cachées par les hautes eaux et par une masse considérable de roseaux aux tiges élevées. Des arbres énormes ont soulevé presque partout les dalles qui couvraient le tablier de ce pont triomphal. Un Song, le dernier gardien de ces lieux déserts, apparaît au milieu de la verdure ; son attitude est menaçante ; son corps tout dressé, appuyé sur ses pattes de derrière, est fièrement cambré. De la seule patte de devant qui lui reste encore, il semble nous montrer le chemin. C'est le Song qu'on remarque sur la couverture de ce livre. Le pont traversé, on aperçoit alors un amas considérable de ruines superbes qui se

composent de trois entrées monumentales surmontées de dômes accompagnés et
reliés entre eux par des péristyles et des portiques ; leurs piliers brisés gisent
à terre, au milieu de l'écroulement presque général. Il faut escalader tous ces
décombres pour pénétrer dans la deuxième enceinte, où l'on voit presque aussitôt
les restes de petits édifices qui bordaient la large chaussée de pierre menant au
sanctuaire. Deux sras étaient placés à droite et à gauche de son grand gopura d'entrée (voy. plan, en G, page 79). Les portes ornées de frontons trilobés formés de
serpents aux têtes multiples apparaissent encore, superbes dans leur proportion.

La salle intérieure de ce gopura est aujourd'hui à ciel ouvert, la voûte étant
tombée. Son plan affecte la forme d'une croix. Elle possède sa corniche presque
intacte, aux moulures largement dessinées, sous lesquelles on admire une frise
composée de gracieuses Apsaras dansant au centre de rinceaux de fleurs. Les parois
intérieures du gopura sont couvertes sur toute leur surface d'ornements si délicatement gravés, qu'ils semblent dessinés sur la muraille plutôt que ciselés par les
mains d'un sculpteur.

L'accès du sanctuaire central, encore surmonté de son dôme à étages superposés
et couvert de végétation, est complètement obstrué par les ruines des vestibules et
portiques qui l'entouraient. Il ne m'a été possible que d'en indiquer seulement la
masse d'ensemble (voy. plan, page 79). Sur les huit tours placées au milieu et
aux quatre angles de galeries qui encadraient le Préa-Sat, deux seules E et F

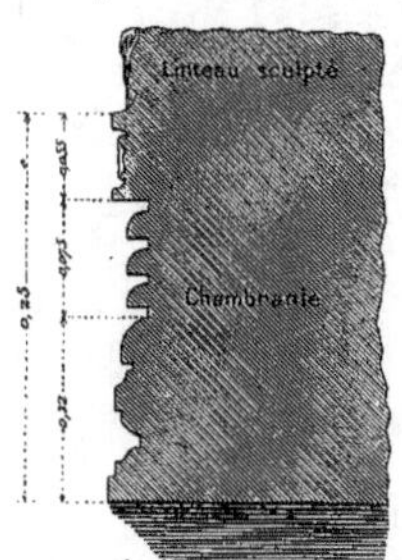

PROFIL DU CHAMBRANLE D'UNE FE-
NÊTRE A PRÉA-KHANE.
(Relevé sur place.)

sont restées. Les autres ne sont plus qu'un amas de
décombres. On voit planche XIV (page 51) celle que j'ai
pu prendre du point B marqué sur le plan. Les sculptures du linteau de la petite fenêtre qu'on remarque
presque au milieu du dessin sont composées de la façon la
plus gracieuse du monde. La planche XV (page 55) en
montre le détail. De l'énorme bouche de Rhéou (le diable),
dont la figure sert de motif central, sortent des rinceaux
faits de feuillages, de plantes aquatiques, se terminant
par des dragons fantastiques. Des Apsaras vêtues de
bracelets et d'une ceinture légère, ayant sur la tête de
hautes coiffures, maintiennent tout en dansant ces dra-

gons menaçants. Sur la tête de Rhéou trône le souverain des Dieux. Une frise de
cartouches finement ciselés dans la pierre domine le tout. Les moulures du chambranle de cette petite fenêtre qui n'a que 0^m,83 centimètres de largeur, sont
curieuses. Elles montrent qu'avec une saillie presque nulle, les architectes ont su

produire un effet très considérable par suite des creux hardiment combinés avec les profils de toutes ses autres parties (voy. le profil, page 78).

Les voûtes ont résisté dans cet endroit des ruines, aussi les salles encore abritées servent-elles d'asile à une quantité de débris de statues intéressantes, malgré leur délabrement. Il en est de même dans l'intérieur de la tour E et dans celle du gopura G. Mon dessin (voy. planche XVI, page 59) donne la vue de l'un des quatre charmants petits édicules S placés près de l'entrée ; elle est prise du point A (voy. le plan ci-joint). Je pouvais à cette distance admirer toutes les sculptures intéressantes dont il est couvert. Le motif principal de son fronton ruiné, composé de fidèles en adoration devant un autel consacré sans doute à Siva, est soutenu par une série de lions divins (Nrisinghas) ou sculptés dans le panneau placé plus bas. Vient ensuite une frise sur laquelle sont creusés cinq dais trilobés, soutenus chacun par des oiseaux à tête humaine ; des dieux accroupis sur leur trône sont abrités sous ces dais.

Une gandharvas ailée, la nymphe du ciel, remplit chaque tympan ; elles ont les mains jointes dans l'attitude de la prière. La fausse porte elle-même, avec

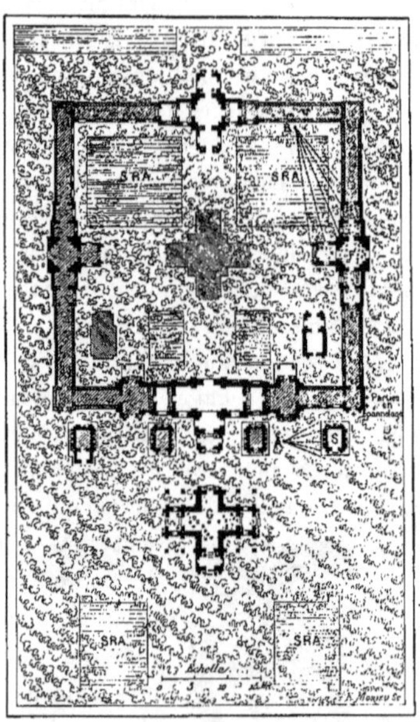

PLAN DU SANCTUAIRE DE PRÉA-KHANE AVEC LES GALERIES QUI L'ENTOURENT.
(Relevé sur place.)

ses panneaux remplis de rinceaux légers et ses moulures couvertes d'ornements, les pilastres sculptés enfin, forment un ensemble dont l'aspect est éblouissant. Sur ce joli sanctuaire, on ne pourrait trouver une seule pierre dont la surface n'ait reçu quelque ciselure. Tout est couvert et cependant aucun ornement ne semble de trop. Tantôt exécutées en haut-relief ou en légères saillies, tantôt à peine gravées dans le grès, ces sculptures réunies se font valoir les unes les autres et témoignent une fois de plus de la science réelle que possédaient les artistes khmers.

Dans les ruines des petits édifices qui précèdent les deux sras placés devant le gopura du sanctuaire de Préa-Khane, M. Delaporte en 1873 et plus tard M. le docteur Harmand ont pu prendre l'empreinte d'une inscription qu'ils ont découverte. Elle a été traduite par MM. Kern, savant hollandais, et Bergaigne, membre de la Société asiatique (voy. *Le royaume du Cambodge,* page 463, 2ᵉ volume, par M. Moura).

En voici un extrait :

« Il y avait un roi pieux, Sa Majesté Surya Varman, aimant Vishnou et qui monta sur le trône en 924 çaka (l'an 1002 après J.-C.). On le surnommait le dieu de l'amour et le dieu de la lune, et c'est lui-même qui fit une œuvre méritoire en créant cet édifice irréprochable. Il avait en grande estime la grammaire, les belles-lettres, etc. » Sous le règne de Surya Varman, l'inscription fait savoir que les cultes de Brahma et de Bouddha étaient également suivis ; on y trouve, à peu près dans le même nombre, des invocations à Siva et à Bouddha. Les sculptures qu'on étudie dans tout ce qui reste de Préa-Khane, paraissent cependant se rapporter beaucoup plus au culte de Brahma.

Dans son ouvrage, publié en 1880, M. Delaporte donne la traduction faite par M. Aymonier, d'une inscription estampée par lui dans ces mêmes ruines. Il y est dit que le roi Préa-Srey quitta le trône, étant dégoûté des grandeurs ; il avait compris dans sa sagesse qu'elles ne pouvaient donner à l'homme que des déceptions et voulut finir ses jours dans la retraite et le recueillement à Préa-Khane.

Malheureusement cette inscription ne marque point de date, et comme dans la chronologie incomplète des rois du Cambodge, le nom de Prea-Srey est plusieurs fois répété, on ne peut savoir lequel de ces rois elle doit désigner.

Après le règne de Surya Varman, 1002 après Jésus-Christ, la décadence du peuple Khmer commençait. Il n'est question dans les annales que de révolutions intestines ou de guerres avec la Chine, l'Annam et le Siam. En 1197, le Cambodge paye un tribut à l'Annam qui était devenu alors une puissance militaire redoutable. En 1276, le Cambodge était encore un pays superbe, mais à cause des guerres qu'il eut à soutenir avec le Siam, il se dépeuplait, un grand nombre de Khmers étant emmenés en esclavage dans le pays ennemi. Les malheurs s'accroissent ensuite de plus en plus pour ne prendre fin qu'à la période moderne, celle de notre protectorat.

Pour se rendre des ruines de Préa-Khane à celles de Beng-Méaléa, il faut passer cinq journées entières dans les forêts. Quelques petits hameaux perdus

RUINES DE BENG-MÉALÉA (CAMBODGE)

Vue intérieure de la troisième galerie encadrant le sanctuaire central.

D'après nature. (page 86)

au milieu de ces solitudes servent aux voyageurs comme lieux d'étape. Ce sont
les huttes de Praop, de Kleng-Ak et le village de Kwan qui possède environ cent
cinquante habitants. Nous avons dans ce voyage les mêmes difficultés et des accidents semblables à ceux que j'ai racontés précédemment; cependant les passages
à gué de ruisseaux grossis par les hautes eaux s'offrent à nous encore plus
souvent que dans la première partie de notre voyage.

Je vois peu d'oiseaux au milieu de l'épaisse végétation; le silence des forêts
est seul interrompu par le grincement monotone des roues de nos chariots,
tournant autour de leur pivot. Nous faisons fuir quelquefois devant nous des
familles de sangliers qui vivent en assez grand nombre dans ces parages. Ces
animaux sont connus par les Cambodgiens sous le nom de Chruc-Prey; plus
petits que nos sangliers d'Europe, ils passent pour être moins dangereux.
L'approche des hommes les inquiète, j'en ai vu souvent disparaître dans les
hautes herbes pendant mes explorations. Une autre fois, ce fut la rencontre d'un
grand cobra que les hommes de mon avant-garde aperçurent parmi les pierres.
C'était l'heure où nous allions camper pour prendre notre repas. Mes Cambodgiens
nous crient de nous arrêter; ils ont vu le reptile! L'un d'eux, cherchant à s'en
approcher, se glisse au travers des épais feuillages et fort adroitement, d'une
pierre lancée, lui écrase la tête. Nous arrivons alors; le cobra remuait toujours,
mais il n'était plus à craindre. Je l'ai mesuré, sa longueur atteignait 1^m,80. Il y a
beaucoup de ces effrayants serpents en ce pays qui vous empoisonneraient par
leur morsure en moins de quinze minutes. C'est cependant le seul qu'il m'a été
donné de rencontrer; il est vrai que j'ai pu tuer dans les ruines nombre de petites
vipères presque aussi dangereuses.

Le village de Kwan, placé sous des grands arbres séculaires, est très pittoresque; les notables viennent, lorsqu'ils me jugent installé dans la Sala, m'offrir
les cadeaux habituels, mais cette fois j'ai la surprise agréable d'une belle tortue
dont ils me font hommage. Ils l'ont trouvée dans la forêt et me l'ont réservée;
elle a 35 centimètres de longueur, sa chair est succulente et semble surtout
exquise à un voyageur qui n'est nourri depuis longtemps que de conserves. Aux
environs du village, on peut visiter les ruines d'un Préa-Sat, le Préa-Théat, qui
sont assez curieuses. Préa-Théat est construit en grande partie avec des pierres
rustiques de Bien-Hoa. Il se compose d'une tour formée de plusieurs étages
restés distincts malgré l'état de délabrement dans lequel ils se trouvent. Le
linteau de la porte d'entrée, orné de sculptures ainsi que les deux colonnettes
à pans coupés qui le supportent, sont seuls en pierre de grès. A l'intérieur du

Préa-Sat on remarque une statue complète de petite dimension. C'est un Bouddha couché. De nombreux débris de statues et de stèles ont été réunis dans ces lieux consacrés par les Bonzes et placés autour de la pagode moderne, simple hangar couvert de chaume.

En quittant Kwan dès l'aurore, nous arrivons bientôt à l'un des points les plus intéressants du voyage de Préa-Khane à Beng-Méaléa ; c'est le pont antique construit sur le stung (rivière) Chikreng que nous devrons traverser. Il indique la route qui devait exister autrefois entre ces deux ruines remarquables. Ce pont, le spean Taon, un curieux spécimen de l'art Khmer, est malheureusement envahi par la forêt. (Voy. la carte itinéraire de mon voyage, page 155.)

Les racines des arbres écartent les assises des pierres, déformant les voûtes à joints horizontaux, et menaçant de tout ruiner (voy. planche XVII, page 63).

La longueur du pont est d'environ 60 à 70 mètres et la largeur de son tablier, prise entre les balustrades, est de 10 mètres. Les eaux en cette saison d'octobre me cachaient, d'après ce que mes mandarins guides m'ont dit, une grande partie de la hauteur des piliers. Pendant la saison sèche, on les voit dans tout leur développement ; ils s'élèvent alors à près de 10 mètres au-dessus du lit de la rivière.

La largeur des arches et celle des piliers sont presque les mêmes ; sauf quelques irrégularités, elles ont environ 2 mètres.

Le pont est appuyé des deux côtés de la rivière par les hauts gradins d'un quai qui se prolongeait à quelque distance en amont et en aval.

Les parapets posés sur le tablier étaient formés de longs serpents soutenus de distance en distance par de légers supports. On en voit quelques restes sur la planche XVII. Un de leurs fragments est enfoui sous un énorme nid de termites. Les neuf têtes de ces Nagas superbes se dressaient menaçantes aux entrées du pont, elles formaient une sorte d'auréole au centre de laquelle on voit un dieu assis sur un trône soutenu par les cinq têtes d'un deuxième Naga placé au-dessous du premier. La planche XVIII, page 67, représente ce superbe morceau de sculpture de plus de deux mètres de hauteur, resté presque intact, que les hommes et le temps ont épargné.

Le tablier du pont encore garni des épaisses et larges dalles antiques est dans un tel état de ruine que le passage des chariots est des plus laborieux. Deux de mes voitures se brisent et leur réparation est longue, aussi je ne puis arriver aux huttes de Komboa qu'à la fin du jour. C'est le lieu le plus pauvre, le plus abandonné qu'on puisse voir ; cinq cabanes seules forment tout le village. Les quelques habitants me reçoivent cependant de leur mieux. On me donne un beau poisson qu'ils ont pêché dans la rivière de Chikreng, un concombre de leurs jardins et des torches en feuilles de palmier. Pour les payer de retour j'eus toutes les peines du monde, aucun d'eux ne voulait accepter de l'argent. J'avais heureusement quelques pièces de dix sous presque neuves qu'on voulut bien me laisser donner aux petits enfants. Ces pièces d'argent seront percées et portées par eux en guise de collier.

La forêt devient de plus en plus épaisse et magnifique, aux alentours de Beng-Méaléa ; les aperçus, tout le long de la route, en sont merveilleux, ils nous font oublier les cahots et les autres misères pittoresques du voyage. Nous atteignons enfin Beng-Méaléa. Je désirais camper au milieu des ruines, dans une partie encore voûtée de l'ancien palais, mais ni mes mandarins ni mes hommes ne veulent consentir à mon désir. Passer quelques nuits dans ce séjour leur paraît chose impossible, la superstition l'emporte sur tous mes raisonnements. La crainte de la colère des dieux et des serpents, le mystère réel qui règne dans ces ruines admirables, agissent étrangement sur le moral des Cambodgiens. Un de mes mandarins me dit qu'il préférerait avoir la tête tranchée plutôt que de passer une seule nuit dans ces lieux qu'il considère comme sacrés. Il fallut se rendre à toutes ces considérations; on m'installa à quelque distance des ruines sous un superbe acacia séculaire et tous les jours, vêtu comme mes hommes d'un simple sampote et d'une veste blanche, je traversais aisément les marécages pleins de lotus. Arrivé sur la terre ferme, je n'avais qu'à me couvrir d'un sampote de rechange et à mettre des souliers. J'allais ainsi visiter Beng-Méaléa, conduit par mes guides qui m'aidaient à en relever les plans.

Nous avons vu dans les annales Khmères, que le dieu Visvacarma, l'architecte du ciel, ayant terminé le Préa-Sat destiné à loger le roi Préa-Ket-Méaléa, avait dû, pour obéir aux ordres du dieu Indra, en composer un deuxième orné de tours et de nombreux bassins. Le manuscrit antique du deuxième chef du clergé au Cambodge mentionne aussi ce fait, mais ce n'est plus Visvacarma ou mieux Préa-Pusnucca pour les Khmers, l'architecte qui construisit le palais de Beng-Méaléa après avoir terminé celui de Angkor-Vat. On y trouve que l'exécution de ce travail a été confiée à un artiste de génie, nommé Chet-Cuma.

Le roi Préa-Ket-Méaléa, voulant honorer sa mère, lui fit faire un magnifique palais qui devint son séjour favori. Il ordonna en conséquence à son architecte Chet-Cuma de commencer les travaux et fit aussitôt placer sous ses ordres cinq cents inspecteurs ayant chacun cent ouvriers à diriger. Chet-Cuma avait donc, s'il faut en croire le manuscrit, cinquante mille hommes pour exécuter son œuvre. Le souvenir de cet artiste qui passait pour être d'ailleurs l'incarnation du dieu Visvacarma, est resté populaire au Cambodge.

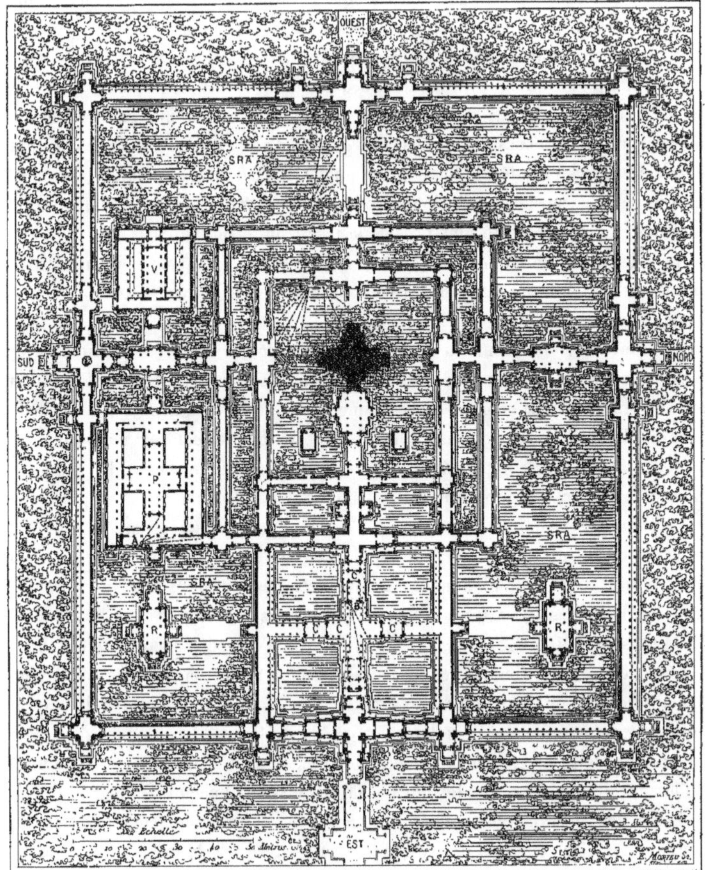

PLAN D'ENSEMBLE DES RUINES DE BENG-MÉALÉA (CAMBODGE).
(Relevé sur place.)

Le plan de Beng-Méaléa est conçu dans des proportions plus grandioses que celui de Banh-Yong, mais sa composition est moins compliquée (voy. plan, ci-dessus).

Les principales entrées sont orientées comme celles de ce dernier vers l'est; sa première enceinte était accompagnée de tours reliées par une double rangée de portiques. Les tours, motifs milieux de chaque façade, s'élevaient graduellement comme à Banh-Yong en même temps que le soubassement, mais ici les changements dans les niveaux sont de peu d'importance. Au lieu de s'élever à la hauteur d'un étage, il n'y a que quelques marches de différence. Il est donc permis de dire que tous les édifices qui composent Beng-Méaléa n'ont qu'un rez-de-chaussée élevé sur un haut soubassement. Les quatre tours d'angles de la première enceinte sont surmontées d'un dôme étagé qui rappelle ceux de Angkor-Vat. L'axe principal de l'édifice, sur les faces orientées au nord et au midi, n'occupe pas le milieu du rectangle, il est reporté plus près de la partie ouest de l'édifice.

Dans les plans de Banh-Yong, de Angkor-Vat, et en général dans presque toutes les ruines, on remarque cette disposition curieuse sans pouvoir en expliquer la raison.

Les tours qui marquent les grands axes sont couronnées d'un dôme sur les faces orientées au sud, au nord et à l'ouest, tandis que sur la face de l'est les trois tours du milieu seules en possèdent. On n'en voit plus ensuite dans tout le reste de l'édifice. Il y avait exception sans doute pour le sanctuaire central; mais par suite de son écroulement complet dont nous donnons l'aspect (planche XIX, page 71) vu du point D (voy. plan, page 84), il est impossible de connaître son importance, ni les différents ornements qui pouvaient l'embellir; c'est un effondrement complet, véritable chaos de pierres écroulées. Il faudrait déblayer ces décombres, on retrouverait alors les fondations du monument. Les murs des vestibules qui lui servaient d'entrée sont restés debout et m'ont permis de tracer le plan, mais toutes les voûtes sont tombées. La tour centrale de l'entrée principale (côté Est), précédée de ses vestibules, donne accès à une série de magnifiques salles partout ajourées ayant la forme d'une croix, tandis que les tours secondaires nous font pénétrer dans les galeries latérales où les voûtes sont soutenues d'un côté par un mur plein, de l'autre par une double rangée de pilastres. Ces galeries nous conduisent directement vers les entrées de la deuxième enceinte.

Les salles en croix (voy. plan en C, page 84) ont leur voûte soutenue par une double rangée de légers pilastres carrés entre lesquels le spectateur peut, de quelque côté qu'il veuille se tourner, jouir de la vue des étangs sacrés et de la perspective idéale des portiques sculptés qui leur servent de cadre. Les pilastres qui bordent les bassins sont moins élevés que les autres. Une sorte de jambe de force qui prend naissance sous chacun de leur chapiteau va s'assembler, à la manière d'une pièce de charpente, dans le pilastre intérieur qui lui fait face. Les deux pilastres sont ainsi reliés entre eux; le plus fort portant la voûte principale, tandis que celui du dehors soutenant une demi-voûte, fait aussi l'office de contre-fort. Cette disposition particulière sera mieux comprise si l'on regarde la planche XX (page 75), qui donne l'aspect de la salle du centre vue du point B marqué sur le plan (voy. page 84). Partout, parmi les ruines, on retrouve ce curieux arrangement; on le remarque dans les pilastres des palais P et V, dans ceux des doubles portiques et des petites colonnades placées contre les murailles des vestibules qui relient les tours entre elles dans la première enceinte, etc. Ces salles centrales ainsi que les galeries latérales sont posées sur un soubassement élevé, supporté par une série de colonnettes analogues à celles qui portent le tablier du pont (voy planche XXII, page 89). Elles forment un décor éblouissant dont tous les détails se reflètent dans les eaux illuminées par les feux du jour.

En poursuivant notre route, nous entrons dans les galeries voûtées de la deuxième enceinte qui donne accès à une troisième enceinte plus resserrée. Leurs pavillons d'angles ornés de fausses portes de pierre sont à peu près tous semblables; il en est de même pour les pavillons des milieux qui communiquent entre eux par des ponts surmontés de portiques. Ces galeries ne reçoivent de lumière, comme on le voit sur le plan, que d'un seul côté. Celle de la deuxième enceinte prend jour sur les vastes bassins de la première enceinte, celle de la troisième enceinte ne s'éclaire que du côté de la cour intérieure où est enfermé le Préa-Sat principal avec ses dépendances.

J'ai pris, du point E (voy. le plan), la vue d'une partie de cette troisième galerie. Elle donne l'aspect des fenêtres ornées de hauts balustres sculptés destinés à adoucir à l'intérieur l'ardeur des rayons du soleil (voy. planche XXI, page 81).

De cette disposition générale pour les galeries, il résulte que l'étroit canal situé entre elles reste presque complètement enfermé. Il ne sert qu'à séparer les deux enceintes qui ne peuvent avoir de points de communications que par les trois ponts situés sur les faces sud, ouest, nord et les trois petites galeries orientées à l'est. Les grands bassins qui séparent la première enceinte de la deuxième ont, du côté nord et sud, de hautes chaussées de pierres surmontées de magnifiques salles ornées intérieurement de colonnades. A l'ouest, c'est un pont porté par des colonnettes (voy. planche XXII, page 89). Il forme aujourd'hui avec les arbres et les lianes qui l'entourent un décor merveilleux. La vue en est prise du point X (voy. pl., page 84). La coupe et le plan détaillés sont indiqués page 87.

Revenons vers le côté du plan orienté au midi. Nous voyons, enserrés par
d'étroits canaux, les emplacements des deux palais qui servaient, dit-on, à la mère
du roi Préa-Ket-Méaléa. Le premier palais est composé d'une superbe salle légèrement élevée de quelques marches. Sa forme, en croix, est accusée par quatre
cours intérieures qui, selon toutes apparences, devaient certainement être garanties des rayons du soleil par des nattes ou des étoffes fixées au-dessus de la corniche à la manière du velum des anciens Romains. Nous donnons (planche XXIII,
page 93), une vue de la galerie d'entrée de cette salle magnifique. Elle est prise du
point A (voy. plan, page 84). Le deuxième palais (voy. en V sur le plan), qui
pouvait communiquer au premier par les passages construits au-dessus des

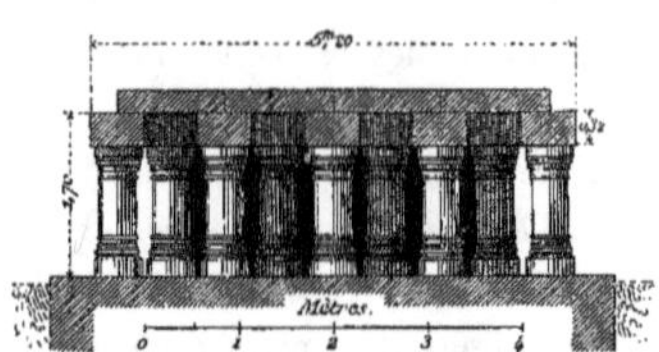

COUPE DU PONT SITUÉ SUR LA FACE OUEST A BENG-MÉALÉA
(CAMBODGE).
(Relevé sur place.)

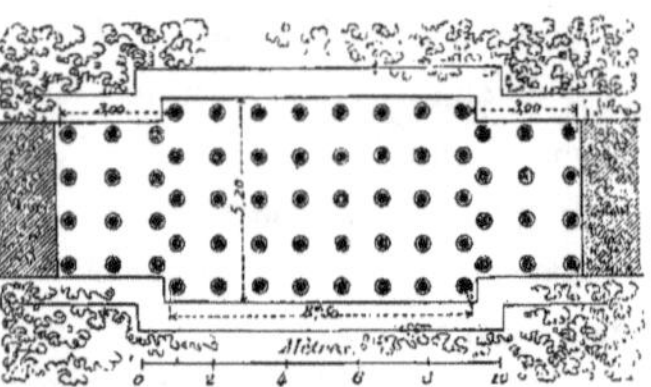

PLAN DU PONT SITUÉ SUR LA FACE OUEST A BENG-MÉALÉA
(CAMBODGE).
(Relevé sur place.)

canaux, était moins important. Il possède aussi une belle salle centrale ornée d'une
colonnade destinée à porter la voûte. Cette salle prenait jour sur deux cours de
forme allongée et se trouvait sur un sol élevé de quelques marches, au-dessus
de celui de la galerie qui l'entourait.

Tous ces palais et longues galeries étaient séparés par des canaux ou par de
larges bassins, mais les soubassements sur lesquels ils étaient édifiés avaient
une largeur suffisante pour former un chemin de ronde autour de chacun d'eux.
Les pèlerins allant faire leurs dévotions dans le Préa-Sat central où les nombreux
visiteurs de ces lieux enchanteurs avaient ainsi, outre les galeries où ils
trouvaient un abri contre le soleil, des salles de repos et des promenades à ciel
ouvert. Après les belles salles placées en C, C, les endroits les plus charmants
devaient être les deux jolis palais situés en R (voy. plan) au milieu des eaux.
On y arrivait par deux ponts semblables à celui que j'ai relevé sur la face orientée
à l'ouest (voy. planche XXII, page 89), ou par d'élégantes barques de plaisance qui
remplissaient sans doute les grandes pièces d'eau de ce séjour favori de la mère

du grand roi. De ces palais, chacun pouvait contempler les admirables perspectives de l'édifice, tout en jouissant de la fraîcheur des eaux et des senteurs
embaumées des lotus.

A Beng-Méaléa, les regards s'arrêtent partout sur les sculptures des portes,
des fenêtres ainsi que sur celles des portiques. Elles sont aussi parfaites que
celles qu'on admire à Angkor-Vat. L'art Khmer, pendant la durée de la dynastie
de Préa-Ket-Méaléa, était arrivé au plus haut point de sa perfection. Les architectes savaient donner à toutes les parties de leurs monuments des proportions
d'une élégance incomparable. Aujourd'hui les ruines ne sont plus habitées que
par une quantité de chauves-souris, il y en a des légions. Elles dorment pendant
le jour et s'envolent toutes ensemble dès qu'elles entendent le moindre bruit.
Le sol dallé des galeries, le séjour préféré des nombreuses générations de chei-
roptères qui s'y sont succédé depuis des siècles, est entièrement caché par les
détritus qu'elles ont formées. Une odeur d'ammoniaque piquante s'en dégage le plus
souvent. Mes hommes s'amusaient à tuer les plus grosses chauves-souris d'un coup
de pierre adroitement lancée; ils les dépouillaient pour les faire cuire dans leur
riz et prétendaient que ce mets ainsi préparé était savoureux. Beng-Méaléa est
aussi habité par de nombreux singes. Leurs cris et les gambades aériennes qu'ils
exécutent dans les hautes branches des arbres, animent ces magnifiques solitudes.

Phototypie Berthaud. Paris.

RUINES DE BENG-MÉALÉA (Cambodge)

Chaussée dallée soutenue par des colonnettes en pierre, élevée sur le grand Sra de la face Ouest.

D'après nature. (page 86)

CHAPITRE VII

N quittant les ruines de Beng-Méaléa, la forêt continue toujours superbe ; le chemin devient souvent invisible, tant la végétation est épaisse et inextricable. Aussi, nous allons lentement, mes hommes coupent les branches, autant de barricades pour notre long cortège de chariots. Il faut aussi subir comme d'habitude des retards occasionnés par les accidents à l'essieu et aux roues de nos véhicules. Nous gagnons cependant en deux journées le hameau de Ksack. Il y a là une bonzerie assez importante ; la pagode toute vermoulue n'est pas bien intéressante ni très ancienne, mais ses clôtures et ses portes d'enceinte encore en assez bon état de conservation, méritent qu'on les étudie.

L'enceinte, formée d'une palissade en bois très simple d'arrangement, est divisée dans ses axes principaux orientés aux quatre points cardinaux, par quatre portes. Ce sont les entrées d'honneur de la pagode (voy. l'une d'elles, page 74).

12

Les montants de cette porte sont taillés en huit pans coupés, ils reçoivent d'abord le linteau sur lequel sont gravés de légers ornements, puis les planches découpées qui servent de couronnement, viennent s'y enchâsser. Le motif sculpté d'une façon assez grossière sur ces planches ne laisse pas que d'être assez curieux. On en voit d'ailleurs des reproductions variées de toutes les époques, dans un grand nombre de lieux sacrés du pays. C'est un motif populaire représentant Rhéou ou Iaksha, qui passe pour être le plus puissant des êtres infernaux chez les Khmers. Il avait volé, dit la légende, l'eau de l'immortalité peu après sa fabrication opérée par tous les dieux réunis, comme nous l'avons vu dans le célèbre bas-relief d'Angkor-Vat (voy. page 57). Indra s'aperçut du rapt et poursuivant le voleur diabolique, il lui trancha le corps en deux parties avec son arme divine non sans lui reprendre le précieux flacon qui renfermait l'Amrita. Rhéou ne pouvait lutter contre l'Être suprême, et se sentant perdu, il eut la présence d'esprit de boire quelques gouttes de la liqueur sacrée, aussi la vengeance d'Indra resta incomplète. Rhéou erre depuis ce temps sans corps et continue ses méfaits par le monde. C'est dans cet état que les artistes Khmers l'ont représenté à Ksack, sur le linteau de Préa-Khane, de même sur celui du tombeau de Kompong Chdey (voy. planche XV, page 55 et page 89). A Angkor-Vat, on voit ce mauvais génie sculpté sur les bandeaux en pierres des grands escaliers, mais les sculpteurs d'alors ont préféré le montrer sous la forme qu'il devait avoir avant la vengeance d'Indra (voy. page 14).

Les panneaux de la porte de Ksack sont garnis de sculptures taillées en plein bois. Ils représentent des singes personnifiant le demi-dieu Hanuman.

Les mandarins, mes guides fidèles, avaient fait partir d'avance des courriers afin de prévenir le gouverneur du village de Chikreng de nous envoyer des barques pour arriver jusqu'à lui. Dans cette saison des hautes eaux, nous devions abandonner à Ksack les chariots à bœufs pour recommencer nos pérégrinations par eau comme au début de notre voyage, afin d'aller plus rapidement. Les commissions ne sont pas aisées à exécuter en ces pays lointains, nos courriers ne pouvaient aller aussi vite qu'on devait le prévoir, aussi faut-il attendre les rameurs et les barques qui n'apparaissent que tardivement. Nous obtenons dans le village de Tà-uo perdu dans l'inondation, voisin de Ksack, quatre rameurs supplémentaires et me voici lancé encore une fois dans l'immensité des eaux. Le spectacle est grandiose, mais un vent violent et contraire gêne singulièrement les rameurs qui travaillent courageusement. Bientôt des quatre coins de l'horizon s'élèvent d'énormes nuages orageux, il faut renoncer à l'espoir de gagner

Chikreng avant la nuit. Nous errons longtemps parmi les hauts roseaux, nos barques glissent dans cette forêt aquatique, et malgré l'expérience de mes guides, on a peine à trouver la véritable orientation pour gagner le lit de la rivière de Chikreng qui nous mènera à notre destination. Enfin quelques lumières perdues, cachées par les roseaux et les cocotiers, deviennent de plus en plus visibles; c'est le village tant désiré, il est onze heures du soir. Le gouverneur prévenu par M. Leclère, le résident de Kompong-Thom, savait mon arrivée prochaine; aussi des hommes étaient là avec des torches de résine toutes prêtes; ils arrivent aux appels de nos rameurs et bientôt je puis m'installer dans la grande Sala du village. Des provisions fraîches, un panier de quelques bouteilles de vin y sont installés pour moi! c'est une surprise que me fait M. Leclère. Il a pensé, dans sa grande expérience des voyages, que pendant mon long séjour dans les forêts j'aurais tout épuisé. Cela était absolument exact, il me sauvait ainsi pendant quelques jours d'un jeûne bien désagréable.

Je ne puis juger de Chikreng que bien imparfaitement, ne l'ayant vu que couvert par les eaux. Les rues, les jardins inondés ont un aspect curieux, peut-être plus joli que lorsque ses ruelles et ses chemins sablonneux sont à sec. Visité à cette époque de l'année (octobre), il paraît pittoresque au plus haut degré.

La *rue* principale appartient aux colons chinois qui seuls tiennent dans leurs mains presque tout le commerce qui puisse se faire dans la province. On voit avec plaisir leurs maisons bâties sur pilotis ornées de jardins suspendus tout garnis de vases pleins de fleurs. Chaque petite résidence possède son escalier de bois conduisant au niveau de l'eau afin que les habitants puissent entrer dans les nombreuses barques ou pirogues qui circulent tout le long du jour. La vue de Chikreng (voy. planche XXIV, page 101) est prise de la Sala où j'étais descendu, grande hutte toute semblable à celles qu'on peut voir sur mon dessin, avec le même entourage de bambous et de cocotiers.

Je fis une visite officielle au gouverneur cambodgien, il fallait faire le cadeau d'usage, mais il y a des souhaits auxquels on ne saurait s'attendre. Mon interprète Kodul me dit confidentiellement que si je veux être tout à fait agréable, il faut donner une paire de mes chaussettes. J'en avais encore heureusement de presque neuves marquées de mon initiale T; le gouverneur marche le plus souvent pieds nus; en les portant dans les grands jours, il se rappellera ainsi le nom du donateur. Puis je devais offrir un croquis du palais, c'est-à-dire des huttes, où ce notable Cambodgien demeure avec ses femmes, en y joignant celui de la pagode pittoresque de Chikreng. Il désirait enfin quelques crayons rouges.

Tout cela n'était pas bien difficile à mettre à exécution. Le gouverneur est ravi en voyant que ses vœux sont accomplis, aussi sa reconnaissance n'a plus de limites. Il me donne à son tour un collier de jolis grelots de cuivre et une clochette de bois toute sculptée qui ornent généralement le cou des buffles destinés à traîner les chariots, enfin un panier plein de bananes et d'oranges. J'obtiens une faveur plus grande encore ; sur sa recommandation, le chef des bonzes de la pagode n'ose me refuser, en échange de deux piastres qu'il donne aussitôt à ses pauvres, une statuette ancienne de bronze. C'est un Bouddha qui attirait mes regards ; sa figure est loin d'être belle, mais elle est très caractéristique avec ses yeux bridés, ses lèvres largement accentuées, et ses oreilles longues, semblables à celles des idoles chinoises. La tiare toute hérissée de petites pointes, jadis dorées, et terminée par une sorte de fleur très allongée, est aussi remarquable. Le trône sur lequel Bouddha est assis à l'orientale est composé d'enroulements et de délicats ornements ressemblant à des filigranes, qui forment des sortes de pilastres (voy. page 100).

Je quitte le village de Chikreng, nous ne tardons pas à abandonner le lit de la rivière pour couper au plus court à travers les plaines inondées. Ma grande barque est fort encombrée ; six rameurs, quatre mandarins, mes deux hommes et moi-même avec tous les bagages, aussi abordons-nous avec plaisir sur un îlot de verdure perdu au milieu des eaux, afin de déjeuner plus à l'aise.

On arrive ensuite au petit hameau de Salagniêh dont toutes les maisons sont submergées jusqu'à la naissance de la toiture, si bien que les habitants prennent le parti de loger avec leurs ustensiles de ménage dans des barques couvertes ménagées à cet effet pendant la saison des hautes eaux. J'atteins enfin le village de Kompong-Chen où j'avais déjà passé au début de mon excursion et qui devient pour moi une nouvelle étape de repos. La Sala était à ce moment habitée par trois voleurs qu'on venait d'appréhender, ils avaient enlevé des barques pour les vendre à des pirates rebelles. Le gouverneur de Kompong-Chen vient me faire des excuses pour le désagréable voisinage qu'il est forcé de me faire subir ; il n'y a pas d'abri à donner dans le village, autre que cette salle de justice. Les voleurs sont relégués dans un coin de la grande pièce ; ayant chacun une jambe enchaînée, ils ne peuvent s'enfuir et doivent attendre le moment où on les enverra à Phnom-Penh pour être jugés. On ménage pour moi dans la Sala un large espace, afin de me loger, en ayant soin de m'isoler des trois malfaiteurs par des étoffes tendues qui font l'office d'une cloison.

Trois grandes journées en barque sont nécessaires pour atteindre du village

RUINES DE BENG-MÉALÉA (Cambodge)

Vue du portique d'entrée d'un des petits palais de la Reine.

D'après nature. (page 87)

de Kompong-Chen la ville de Phnom-Penh en cette saison. Il est vrai qu'on
s'arrête de temps à autre dans des hameaux inondés. Je revois la capitale du
Cambodge une dernière fois ainsi que mes aimables compatriotes qui ont bien
voulu s'inquiéter de ma longue absence au milieu des forêts.

Après un long séjour à l'hôpital dont j'ai parlé (p. 62), le docteur me conseillait
avec instance de rentrer le plus vite possible en France pour me remettre de mon
accès typho-malarien, mais l'idée de ne pas me rendre à Java était pour moi un
trop grand désappointement. Je devais courir la chance dans ce pays où la fièvre
règne souvent. Rentré à Saïgon, je sentais déjà mes forces revenir, puis je comp-
tais avec raison sur les jours de traversée en mer et un repos à Singapoor où
je respirerais librement l'air de la mer.

Le voyageur qui s'arrête à Singapoor après avoir vu Saïgon, reste frappé
de la différence étonnante qui existe entre la ville anglaise et la ville française.
L'industrie, la vie laborieuse, le mouvement commercial poussé jusqu'à
l'extrême sont la caractéristique de Singapoor ; Saïgon, au contraire, semble
silencieux et sans commerce.

La situation de Singapoor est d'ailleurs beaucoup plus belle, son port
magnifique, d'accès facile, ne peut se comparer à l'entrée par la rivière de la ville
française. Les environs de Singapoor ne sont pas très intéressants, mais de belles
routes bien entretenues, encadrées d'une végétation tropicale luxuriante, excitent
à la promenade et à la contemplation du grand spectacle de la mer. Le Bazar
Chinois est comme à Saïgon l'une des plus grandes curiosités de Singapoor ; une
population de près de cent mille âmes y est entassée, tout entière occupée aux
affaires commerciales les plus diverses. Presque toutes les rues de ce bazar sont
ornées de portiques ou d'arcades généralement peints en bleu d'outremer, ce qui
leur donne un aspect particulier très agréable aux yeux et fort harmonieux
sous le soleil ardent qui nous éclaire. Les magasins chinois, tout comme dans la
cité chinoise de San Francisco, se font remarquer par leurs grandes pancartes,
vermillon ou rouge de Saturne, sur lesquelles se détachent les inscriptions écrites
en noir ou en or ; l'effet en est pittoresque.

Les départs de navires ne sont pas très fréquents à Singapoor, pour la
direction de Batavia, la capitale hollandaise des îles de la Sonde. Ceux des
Messageries n'ont lieu qu'une fois tous les mois ; n'ayant pu partir sur l'un d'eux,
je devais attendre trois jours de plus que je n'aurais voulu, afin de m'embarquer
sur un navire de commerce chinois, le *Giang Ann*. Les marchandises regorgent
à bord, mais malheureusement elles se composent uniquement de poissons

salés dont l'odeur est désagréable au delà de ce qu'on peut dire. Le capitaine
du *Giang Ann*, un Anglais qui pendant trente années a parcouru les mers javanaises, a pitié de moi, son seul passager européen. Je serais asphyxié dans ma
cabine, la salle à manger est de même impossible à cause des émanations produites
par cette affreuse cargaison. On m'installe dans le petit salon ouvert à tous les
vents, situé sur le pont; là, je dormirai peut-être, et je dîne sous la tente avec
le capitaine. Le pont du bateau est littéralement rempli de voyageurs de troisième classe, malais ou chinois, qui tous, vu la chaleur, campent sur le pont.
Ils sont accroupis ou couchés sur leur natte, hommes et femmes ont apporté
leur nourriture, leurs oreillers et leurs couvertures, leur thé, quelques-uns même
n'ont pas voulu se séparer de leur Bouddha placé précieusement au fond d'un
petit sanctuaire en bois sculpté et doré. Ils le mettent avec respect auprès d'eux,
en ayant soin de brûler des baguettes parfumées à ses côtés tout le long du voyage.

D'autres, voulant se distraire à bord d'une autre façon, ont apporté leur
accordéon; c'est alors, dans un coin du navire, un concert permanent, chacun
jouant à tour de rôle ses airs favoris. Les tableaux amusants ne manquent pas,
comme on le voit, à bord du *Giang Ann*, ils sont nécessaires pour la distraction
du touriste qui n'a plus comme autrefois les fêtes joyeuses qui se faisaient sur
les navires lorsqu'on passait la ligne. Les vues de la mer n'offrent qu'un intérêt
médiocre jusqu'à Batavia où nous arrivons après quarante-huit heures de voyage.

Le mois de février est encore en pleine période de la saison des pluies à Java,
aussi des torrents d'eau nous inondent à notre arrivée au port de Tanjong priok.
Depuis la fondation de Batavia, les bords de la mer devenaient de plus en plus
bourbeux et se remplissaient de vase, aussi l'ancien port fondé pendant les xviie
et xviiie siècles a dû être abandonné; les ingénieurs firent alors un magnifique
travail qui dura plusieurs années, en 1875 on inaugurait en même temps le nouveau port de Tanjong priok qui peut recevoir des navires de 5000 tonneaux et le
chemin de fer qui le relie à la ville. Nous abordons sur un beau quai de pierre où
la douane s'empare des bagages pour pouvoir persécuter selon ses habitudes, en
tous pays, les malheureux voyageurs. L'inspection n'est pas trop longue, c'est
une chance rare, les coolies du port portent nos malles au chemin de fer, on
parcourt une plaine verdoyante baignée de canaux et remplie de plantations de
cocotiers. En vingt minutes me voici dans la ville.

Batavia occupe une grande surface qui se divise en trois parties distinctes. Le
quartier commerçant est la vieille ville où les maisons hautes ornées de balcons
ont le caractère des constructions hollandaises des siècles passés, le quartier

chinois et des indigènes, enfin le quartier moderne où se trouvent les habitations confortables des colons européens, les administrations civiles et militaires, les cercles et magasins élégants, etc. A la gare on trouve aisément des voitures du pays qu'on nomme des *dos à dos*. Elles ne sont guère commodes, on y est mal assis et la position du voyageur qui tourne le dos au cocher est peu agréable. Ces voitures sont aimées cependant des habitants de Batavia, et c'est dans l'une d'elle que je parcours d'abord la longue suite peu intéressante des premiers faubourgs et les anciens quartiers, viennent ensuite de belles avenues d'arbres longeant le canal et des villas élégantes perdues sous les ombrages ; c'est le Batavia moderne. L'hôtel de Java, dirigé par des Français, m'ouvre ses portes, j'ai une belle chambre bien confortable avec la jouissance d'une partie des grands portiques qui encadrent de jolis jardins. Sans la pluie ce serait charmant, heureusement ces grandes eaux qui tombent des nuages sont intermittentes, et leurs intervalles sont suffisants pour qu'on puisse se permettre d'assez longues visites dans la ville. La chaleur ne reste pas moins très forte et malgré les costumes légers de toile blanche que les hommes portent en ce pays, tout comme ils le font aux Indes, elle nous accable souvent. Une température presque habituelle de 32° à 35°, avec l'humidité chaude qu'il faut supporter, ne laisse pas d'être le plus souvent assez pénible. Les dames européennes en ont pris aussi leur parti et pendant une partie de la journée, le matin principalement, elles adoptent en quelque sorte le costume des femmes indigènes pour être plus à leur aise. Elles portent le sarrong, pièce d'étoffe colorée d'une façon pittoresque qui joue le rôle d'une jupe. Elles ne mettent point de bas, leurs pieds nus sont chaussés de jolies mules brodées d'or, une élégante camisole de mousseline brodée complète ce costume dont l'aspect original charme les yeux. Dans l'après-midi, les toilettes européennes sont remises par les dames pour faire des promenades en voiture ou pour les visites. Beaucoup d'entre elles, après le coucher du soleil, sortent en cheveux, le chapeau étant jugé trop chaud et fort gênant.

Le sarrong est fabriqué par les indigènes et aussi par les Chinois qui sont installés depuis longtemps dans le pays. Le commerce en est important et occupe une quantité de pauvres gens qui ne vivent que de cette intéressante industrie. La fabrication de cette étoffe est toute spéciale, et son origine est très ancienne. Elle nécessite une main-d'œuvre considérable, mais le salaire des ouvriers qui y sont employés est si minime que le prix en reste peu élevé. Les sarrongs que les dames d'Europe seules ont l'habitude de porter arrivent à coûter relativement une somme plus importante à cause du soin exceptionnel qu'on met à exécuter les dessins, à étudier les coloris et à faire les teintures.

L'ouvrier commence par étaler devant lui l'étoffe qu'il veut décorer ; c'est une sorte de calicot de provenance européenne généralement, dont la qualité est variable, suivant le prix futur de l'objet. Il trace premièrement sur la toile par un léger trait le dessin qui sera l'ornement du sarrong. Cette opération faite, il s'agit de recouvrir tout le tracé d'une légère couche de cire fondue. Il emploie pour cela un instrument tout spécial fort simple d'ailleurs (voy. ci-dessous). L'objet est en cuivre, c'est un petit réservoir (0^m,02 de longueur environ) dont le fond est muni d'un léger tube recourbé à son extrémité. Quelquefois, pour faire des tracés plus épais, ce réservoir possède deux de ces tubes très rapprochés l'un au-dessus de l'autre. L'extrémité opposée aux petits tubes sert à fixer

l'instrument dans un manche de bambou. Là cire bouillante remplit le réservoir et coule goutte à goutte en s'échappant de ce conduit pour recouvrir exactement tout le dessin. L'opération, grâce à la main exercée de l'ouvrier, se fait encore assez rapidement. Un réchaud toujours allumé sur lequel sont posés à la fois un assez grand nombre de ces petits réservoirs est placé auprès de celui qui travaille. Il a toujours ainsi, sans perte de temps, sa provision de cire bouillante toute liquide.

L'étoffe a été recouverte de cire sur certaines de ses parties tandis que les autres sont restées intactes, c'est alors qu'elle est livrée au teinturier qui la mettra dans un bain de couleur rouge par exemple, faite avec le Manboukou, poudre extraite de l'écorce de l'arbre Morinda citrifolia (famille des Rubiacées). La teinture prend partout sur les parties de l'étoffe où la cire n'a pas été posée. On attend alors que le tout soit bien sec. La cire se détache facilement ensuite après un trempage de deux jours dans l'eau froide. Le dessin qu'elle recouvrait réparait tout entier, blanc comme le calicot lui-même, et ressortant sur le fond devenu rouge. Les ornements restés blancs doivent-ils être rehaussés de tons bleu indigo ? il faut recouvrir une seconde fois l'étoffe de cire, partout où le bleu ne doit pas paraître sur le dessin et la retremper dans un nouveau bain de teinture. Elle sera maintenant décorée de trois tons, rouge, indigo et blanc. Pour chaque teinte à donner c'est une opération, souvent très délicate par suite

de la finesse des tracés ou de l'abondance des couleurs, à recommencer de la
même manière. On conçoit combien sont longs et minutieux tous ces remanie-
ments divers, surtout lorsqu'on considère la décoration étrange et compliquée de
ces jolies étoffes. Elles sont toujours pleines de fantaisie et très harmonieuses de
couleurs, c'est leur plus grand mérite. La gravure (page 97) montre l'intérieur
d'un des ateliers où se dessinent ces sarrongs dont la dimension est environ de deux
mètres de longueur sur un mètre de largeur. On les expose pour les faire sécher

UN ATELIER DES DESSINATEURS DE SARRONGS A BATAVIA.

sur des sortes de tréteaux. Des femmes sont souvent employées au tracé des
dessins. Nous voyons à gauche sur la gravure ci-dessus l'une d'elles occupée à faire
le premier tracé sur le calicot. D'autres étoffes tendues ont reçu une première ou
une deuxième teinture, des femmes les recouvrent de cire afin de leur faire donner une nouvelle couleur (voy. pl. XXV, page 111, une reproduction photographique
d'un de ces sarrongs) et (page 155) un curieux fragment de ces dessins sur toile
représentant des *Wajangs* (marionnettes, ombres chinoises) simulant une conversation animée avec les gestes expressifs employés dans les pantomimes. Ces
étoffes, selon les provinces, ont des tons très variés et des dispositions d'ornements différentes. Aux environs de Batavia, c'est le rouge qui domine, à Djogdja-

13

karta ce sont les tons indigo et feuille morte, à Solo, tout à fait à l'Est, les tons
couleurs tabac d'Espagne sont les plus fréquents, etc.

On a inventé, il y a peu d'années, des moules avec des dessins tracés d'avance
où l'on peut couler la cire liquide. Les ornements sont imprimés de cette façon
et si l'on a soin de reporter symétriquement le nouvel instrument sur toute la
surface du calicot, l'ouvrage est fait beaucoup plus rapidement. C'est un moyen
très simplifié, mais le sarrong est beaucoup moins joli, n'étant plus fait par la
main des ouvriers artistes qui savent toujours y mettre une fantaisie, un inattendu inimitables. Ce sont les industrieux Chinois qui emploient surtout ces
moules où le dessin est reproduit mécaniquement, aussi leur sarrong est moins
cher. Ceux que les indigènes aisés emploient le plus souvent, se vendent environ de 5 à 8 francs. Mais ceux que portent nos élégantes dames Européennes et
qu'on fabrique pour elles, sont plus coûteux ; ils atteignent les prix de 30 à
50 francs et quelquefois plus.

La ville de Batavia semble pour les nouveaux venus un lieu de délices. Les
rues n'existent pas, elles sont remplacées presque par de véritables allées de
parcs ornées de beaux arbres, palmiers, figuiers multipliants, poincinias, etc. Des
jardins remplis de fleurs et de plantes superbes au feuillage coloré comme il n'est
permis d'en voir que dans ces régions tropicales, entourent généralement un gracieux pavillon ou une belle villa, et bordent ces magnifiques avenues. On envie
les heureux propriétaires de chacun de ces séjours qui semblent enchanteurs,
mais d'après ce que m'ont dit plusieurs colons européens avec lesquels j'étais
entré en relation et qui habitaient Batavia depuis de longs mois, la vie n'y est pas
aussi agréable qu'elle pourrait paraître. A la longue ces beaux jardins, ces jolies
installations deviennent monotones, chacun reste chez soi craignant, comme dans
les villes de province, les bavardages des voisins. Il n'y a que fort peu de distractions au dehors, aussi l'existence y est-elle sans mouvement. J'ai peine à croire
cette opinion de mes compatriotes, peut-être est-elle vraie pour des étrangers qui
n'ont que peu de relations parmi les colons hollandais. Ceux-ci aiment la vie de
famille, on pénètre difficilement chez eux, de même que dans la société anglaise,
mais une fois les présentations faites, si vous êtes agréé par eux il en est certainement tout autrement, et les aimables hôtes ne manquent plus. Les Hollandais
sont d'ailleurs fort aimables pour l'étranger qui vient passer quelques jours à
Batavia. Les membres du cercle de l'Harmonie, l'un des plus beaux de la ville,
accordent gracieusement au nouvel arrivant qu'on leur présente, une admission
temporaire chez eux. Reconnaissant de cette faveur précieuse, j'allais jouir quel-

quefois des beaux salons, des salles de lecture où les principaux journaux et publications périodiques de l'Europe peuvent être lus. Une des choses les plus intéressantes qu'on puisse voir à Batavia est certainement le musée où se trouve une collection ethnographique exceptionnelle et presque complète, de toutes choses du pays. On y trouve des modèles réduits des maisons de Sumatra, des cases javanaises ou des Kampongs Malais, des barques de pêche et de tous les filets et accessoires en usage parmi les indigènes ; enfin les instruments de musique de toutes sortes, depuis les bambous sonores des sauvages et les gongs divers jusqu'aux guitares et violons primitifs qui ressemblent d'ailleurs à ceux des Cambodgiens. Viennent ensuite dans d'autres salles les armes anciennes, criss malais et couteaux curieux, le trésor rempli d'objets d'or de grande valeur artistique, la salle des divinités en bronze ou en argent trouvées dans les différentes fouilles, les sculptures originales rapportées des ruines, les idoles et armes des sauvages de Bornéo ou de Sumatra, etc., toutes ces collections constituent un ensemble le plus attrayant du monde. Ce n'est pas en une seule visite qu'on peut tirer profit de cette intéressante réunion d'objets, on y remarque chaque jour quelque détail nouveau qui excite votre curiosité et vous fait mieux comprendre l'ancienne vie des premiers habitants du pays. Dire exactement l'origine du peuple javanais est aujourd'hui bien difficile ; la population actuelle est fort mêlée. Les premiers habitants étaient des Malais presque autant que des Javanais, mais il y a toujours eu aussi depuis des siècles un grand nombre d'Hindous (les hommes légendaires comme on dit encore actuellement), de Chinois et d'Arabes dans le pays. C'est le Chinois, de même qu'au Cambodge, qui s'empare de tout le commerce ; par sa patience et son courage au travail il accapare tout et laisse bien loin derrière lui les quelques indigènes Javanais ou Malais qui voudraient lui faire concurrence. La race malaise se rencontre surtout le long du littoral et dans les villes principales, le Javanais réside de préférence au centre et vers l'est de l'île, tandis que le Sondanais, autre variante de la race malaise, vit plutôt dans les montagnes et dans la partie ouest. Aujourd'hui on compte à Java près de vingt-trois millions de ces indigènes. Malais ou Javanais sont tous musulmans et tous très attentifs aux règles de leur religion mahométane. C'est la religion qui semble convenir le mieux à la population ; les missionnaires Européens font, d'après le sentiment général, de vains efforts pour la changer. Le culte de Brahma existe encore, mais il se pratique en dehors de l'île de Java et seulement dans quelques localités éloignées de l'archipel. Les indigènes sont généralement cultivateurs, s'occupant surtout de leurs rizières qu'ils savent faire prospérer par leur

longue expérience, et des plantations importantes de tabac, de sucre, de quin-
quina, etc. Leur industrie, en dehors de l'agriculture, consiste principalement
comme nous l'avons dit, dans la fabrication du sarrong.

Il y aurait actuellement à Java près de 240 000 Chinois, 14 000 Arabes environ
et près de 2 000 Orientaux de races diverses. Le nombre des colons européens
n'atteindrait pas encore cinquante mille.

Ceux-ci ne s'installent dans l'île que le temps nécessaire qu'il faut pour
amasser quelque fortune et rentrent aussitôt dans leur patrie. Il est rare de voir
des familles européennes résidant depuis de longues années à Java. Il faut en
arrivant à Batavia régulariser sa situation de voyageur si l'on veut faire quelques
explorations dans l'intérieur du pays. Le gouvernement hollandais exige des
passeports, un permis de résidence, que sais-je encore ! Grâce à l'obligeance du con-
sul de France qui voulut bien se charger pour moi de toutes les démarches à accomplir, je fus bientôt débarrassé de ces légers ennuis. Je n'avais plus qu'à me rendre
à Buitenzorg, le séjour officiel du gouvernement, pour faire visite au secrétaire
général qui devait me remettre tous ces papiers indispensables. Buitenzorg, où
l'on se rend en chemin de fer, n'est qu'à une heure et demie de distance de Batavia ; c'est dans cette ville que se trouve le plus beau jardin botanique du monde
entier, le rendez-vous de tous les savants de l'Europe.

Phototypie Berthaud, Paris.

CHIKRENG (CAMBODGE)

Vue d'un des quartiers du village.

D'après nature. (page 91)

CHAPITRE VIII

N visite dans le monde bien des jardins botaniques. Chaque puissance a compris depuis longtemps l'importance qu'il y avait à créer dans les colonies ce genre de fondation dont l'utilité est indiscutable. Les Anglais, dès l'an 1786, plantaient dans les Indes, à Calcutta, sur les bords de l'Hougly, un superbe jardin sous la direction du colonel Robert Hyd. En 1821, ils créaient aussi celui de Peradeniya, près de Kandy, à Ceylan.

Le gouvernement français, dans ses colonies, ne pouvait point rester en arrière et a su également fonder d'intéressants jardins botaniques à Saïgon, en Cochinchine, à l'île de la Réunion, etc.

Dans l'île de Java, les Hollandais créaient, en 1817, le jardin de Buitenzorg. Il est situé sur une des longues arêtes qui descendent vers le nord de la montagne de Salak, à 280 mètres au-dessus du niveau de mer. En 1837, M. Diard, membre dirigeant d'une commission dite d'histoire naturelle, de nationalité française, eut l'idée d'améliorer ce jardin naissant, en le disposant par sections, où les échantillons des plantes d'une même famille seraient représentés. Il fut aidé dans sa tâche par M. Hasskari, nommé d'abord jardinier en second, puis botaniste de Buitenzorg presque à la même époque. Par suite de cette organisation scientifique qui n'existe que très incomplètement dans les jardins dont nous venons de parler, cet établissement dépasserait déjà tous les autres, mais il a en plus des avantages considérables dus à l'importance exceptionnelle des collections de toutes les espèces tropicales et à la générosité avec laquelle il reçoit tous les savants étrangers qui veulent venir y étudier.

Nous donnons le plan du jardin de Buitenzorg (voy. page 102). Le Dr Treub est le directeur actuel; par sa science en botanique il contribue puissamment à l'amélioration constante des plantations et, par sa parfaite urbanité, il sait encourager les étrangers à venir profiter des leçons que donne la nature dans son bel établissement.

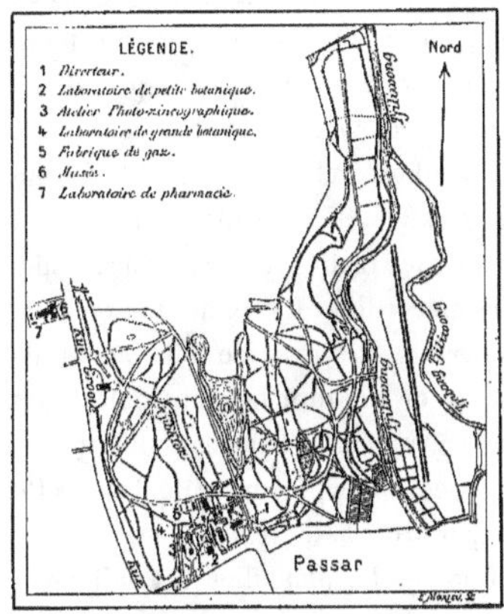

PLAN DU JARDIN BOTANIQUE DE BUITENZORG.

Depuis la fondation, le gouvernement hollandais a compris qu'un jardin botanique unique ne suffisait pas, aussi a-t-il décidé qu'on lui donnerait des annexes. Les jardins entretenus aux frais de l'État sont actuellement divisés en trois parties distinctes : le jardin botanique de Buitenzorg, le plus célèbre, dont la surface occupe 60 hectares, situé au milieu de la ville et joint à la résidence du gouverneur ; le jardin agricole de Tjikeumeuh qui a 70 hectares, et le jardin forestier avec une réserve prise dans la forêt vierge qui ont ensemble 300 hectares.

Buitenzorg et ses environs possèdent un climat spécial qui facilite singulièrement le développement des végétaux. Ils ont en même temps la grande chaleur : 28 à 29° centigrades en moyenne ; quelquefois pendant la mousson sèche, dans l'après-midi, le thermomètre monte à 31°. L'humidité constante, fournie par une pluie dont la moyenne donne $4^m,680$ d'eau par année, complète ces conditions exceptionnelles. En Hollande, où il pleut beaucoup, il n'y a qu'une moyenne de $0^m,660$.

Le jardin botanique de Buitenzorg possède des arbres dont l'accroissement est extraordinaire. Des palmiers, genre Oreodoxa, par exemple, plantés tout jeunes pour border une allée, sont parvenus en cinq années à avoir une hauteur de près de 10 mètres. D'autres espèces plus étonnantes encore, quelques *Albizzia Moluc-cana*, sont arrivées dans le même espace de temps à une hauteur de plus de 20 mètres. Les sections des fougères arborescentes, des plantes grimpantes et lianes gigantesques, des orchidées sont remarquables, celles des palmiers et des bambous dépassent en intérêt ce que peuvent donner tous les autres jardins bota-niques connus. La planche XXVI (page 115) donne le très pittoresque aspect d'une partie de la section des bambous. Les principales espèces sont réunies dans cet endroit du jardin ; on remarque à gauche du dessin le Bambusa vulgaris, près de la cabane d'un des jardiniers indigènes de Buitenzorg, c'est le Gigantochloa robusta, qui atteint quelquefois près de 30 mètres de hauteur. L'allée des Kanaries, l'une des principales du jardin, en est aussi l'une des merveilles. L'origine de son nom vient de ce qu'elle est bordée par des *Canarium commune* de 30 mètres de hauteur environ. Ces arbres forment un berceau de verdure incomparable, leurs plus hautes branches sont couvertes de plantes grimpantes fleuries telles que le Gnetum latifolium, le Spatiphyllum longirostre, etc., etc.; je m'arrête dans cette nomenclature dont les noms sont vraiment par trop barbares. L'étang réservé aux nymphéas est aussi tout à fait exceptionnel. La plantation, parfaitement comprise au point de vue scientifique, met ce jardin hors de pair, comme nous l'avons dit. En effet, avec le plan qu'on remet gratuitement aux étrangers qui veulent travailler, on se dirige sans perte de temps dans chacune des sections qui peuvent le plus vous intéresser. Des numéros sont marqués, sur chaque espèce d'une même famille ; on les retrouve sans peine sur le catalogue. Lorsque les savants étrangers arrivent à Buitenzorg, le directeur les accueille aussitôt et leur donne une place dans un vaste laboratoire où ils peuvent gratuitement étudier à loisir. Une petite bibliothèque pour les travaux les plus pressés, tous les matériaux nécessaires aux expériences chimiques et autres sont placés à proximité dans cette vaste salle dont nous donnons l'aspect (voy. page 104).

Un laboratoire construit pour la photographie avec des chambres noires bien installées est très voisin de cette salle d'étude. Nous visitons ensuite une grande bibliothèque toute remplie de livres anciens sur la botanique et des plus complètes.

si l'on considère l'immense collection des publications périodiques modernes de tous les pays qu'elle reçoit. Tous les sujets sont ainsi traités : botanique proprement dite, chimie agricole et pharmacie. La bibliothèque est située dans le vaste pavillon qui contient le musée des herbiers (voy. page 105), derrière lequel se trouve le laboratoire réservé à l'étude des plantes vénéneuses. Tout à côté, au milieu des jardins, nous entrons dans les bâtiments où se trouvent refermées les collections de toutes les plantes forestières du pays; ils se composent de plusieurs vastes pièces. Près d'elles, sous les ombrages, on visite la salle où les plantes séchées subissent, avant d'être définitivement placées dans les herbiers, l'opération du trempage dans un bain de sublimé corrosif et de chlorure de mercure. Sans cette

LABORATOIRE DU JARDIN BOTANIQUE DE BUITENZORG, A JAVA. SALLE DE TRAVAIL RÉSERVÉE AUX SAVANTS ÉTRANGERS.
(D'après une photographie.)

précaution, par suite du climat chaud et humide, les échantillons ne tarderaient pas à être ravagés, puis détruits par des myriades d'insectes que ce seul poison fait fuir.

La visite complète de tous les pavillons réunis du jardin de Buitenzorg était longue, mais bien intéressante; il nous restait encore un peu de temps dans l'après-midi pour aller visiter le jardin agricole de Tjikeumeuh, situé à vingt minutes de

distance en voiture, près de la ville. Le Dr Treub voulut bien me conduire et me
présenter au directeur, M. van Romburgh. La route est d'ailleurs ravissante d'un
bout à l'autre, ce ne sont partout que des villas entourées de jardins pleins de
fleurs et de beaux arbres. Le docteur me faisait en route ses doléances sur un sujet
qui fait sa peine. « Mon laboratoire des savants étrangers, fondé depuis l'année 1885,
me disait-il, a reçu jusqu'à présent bon nombre de docteurs en botanique. Dès la
fondation, un Russe, un Anglais, un Hollandais sont venus ; depuis, le nombre de
savants augmente toujours. Les Allemands, les Suédois, les Autrichiens ont été

ENTRÉE DU MUSÉE DES HERBIERS. JARDIN BOTANIQUE DE BUITENZORG, A JAVA.
(D'après une photographie.)

représentés à Buitenzorg, les savants français seuls ne sont point encore venus
étudier dans nos laboratoires ! »

Dans le jardin agricole de Tjikeumeuh, les étrangers peuvent aussi travailler
comme à Buitenzorg. Ils ont pour eux des laboratoires séparés, installés dans le
genre de ceux que l'on voit au Muséum de Paris. Conduit partout avec obligeance
par le directeur, il me fait remarquer les parties les plus curieuses de son jardin :
les sections des cafés de Liberia, surtout celles des caoutchoucs (Castilloa elas-
tica) et gutta-percha, qu'on cherche à propager dans les îles de la Sonde. Les
demandes de ce produit dans toute l'Europe s'accroissent de jour en jour pour
satisfaire aux usages nouveaux de la civilisation moderne, aussi les colons
hollandais aidés par le jardin agricole essayent de grandes plantations dans leur
île, et ils commencent à en tirer de sérieux profits. Les parties réservées aux

14

canneliers et aux camphriers, enfin les splendides arbres, Elacis Guineensis,
qui fournissent l'huile de palme, m'ont paru du plus grand intérêt. Pour aller
au jardin forestier, le voyage en voiture dure environ cinq heures. L'excursion
demande quelques préparatifs en provisions, etc., mais le pays est si beau, si
pittoresque, qu'on l'admire; d'ailleurs le temps passé semble de peu de durée
avec un compagnon de voyage tel que M. le docteur Treub. Nous arrivons dans
une belle et grande vallée haute, au village de Tjimathian (rivière du tigre).
Ce lieu était autrefois, paraît-il, tout entouré de forêts hantées par de nombreuses
bêtes fauves. Aujourd'hui elles ont disparu ou se sont éloignées plus loin dans
les montagnes, effrayées par la civilisation. Le village est resté primitif cependant, c'est à peine si on peut y faire l'acquisition de quelques boîtes de
conserves, mais la culture est partout aux alentours et tout y est riche et luxu-
riant. Les pavillons de Tjibodas (le ruisseau blanc) ne sont qu'à quelques distances
de Tjimathian ; ils sont situés à 1500 mètres d'altitude environ. Nous donnons
l'aspect (voy. page 107) de celui qui est réservé aux savants étrangers. Ce gracieux
chalet leur offre tout le confort désirable. Ils peuvent y jouir d'un salon orné
d'une bibliothèque et d'une vaste salle d'étude. Une salle à manger et quelques
chambres à coucher sont aussi installées pour eux, car ils ne sauraient trouver
d'hôtels dans le petit village de Tjimathian.

M. Couperus, sous-directeur des forêts et plantations de Tjibodas, aidé
d'une dizaine de jardiniers, est chargé de la surveillance générale. Le jardin forestier, placé presque à mi-hauteur de l'ancien volcan le Gedé, contient actuellement
de magnifiques spécimens de fougères arborescentes et surtout des échantillons
d'arbres et de plantes de provenance australienne et japonaise. Les belles espèces
de cèdres si remarquées au Japon, les Cryptomerias, les pins Chamacyparis
obtusa, que les Japonais nomment Hinoki et qu'ils emploient pour la construction de leur temple, etc., etc., semblent s'y acclimater dans les meilleures
conditions.

Les curieux spécimens qui ont été plantés devant le pavillon de la montagne,
des *Xantoroa actinis* d'Australie, peuvent compter parmi les plus remarquables
du jardin forestier (voy. page 107). La forêt de Tjibodas dans laquelle le jardin
est enclavé est merveilleuse à visiter. Le D' Treub a fait tracer dans cette forêt
des sentiers qui font de nombreux lacets dans la montagne et qui vous conduisent
aux plus beaux endroits, jusqu'à plus de 2000 mètres d'altitude. En dehors des
sentiers, on ne saurait faire trois pas dans les bois tant la végétation est touffue.
Sur le sol on contemple un monde de mousses et de fougères découpées, de

formes les plus inattendues et variées; dans les arbres de 30 et 40 mètres de hauteur, jusqu'aux plus hautes branches, c'est un amas d'orchidées, de fougères, d'hymonéphyllacées surtout, si délicatement formées, et de lianes à faire rêver. Les lianes produisent encore, en certains endroits, de véritables stalactites de verdure tant leurs tiges souples sont couvertes de mousses ou d'autres parasites, les Échinites aux larges feuilles. Elles forment un réseau inextricable, mais trans-

PAVILLON DE RÉCEPTION DES SAVANTS ÉTRANGERS DANS LE JARDIN FORESTIER DE TJIBODAS, A JAVA.
(D'après une photographie.)

parent, au travers duquel les rayons du soleil viennent illuminer ainsi les moindres détails de ces lieux d'une beauté rare.

La végétation varie sans cesse au fur et à mesure qu'on s'élève sur le versant du Gedé; il semble qu'elle devient de plus en plus intéressante. Les visiteurs sont heureux d'y saisir les secrets de cette nature tropicale qui, en cette région de l'ouest de Java, passe pour être la plus éblouissante du pays.

Notre retour de la forêt de Tjibodas ne se fit pas sans peines. Nous descendons à pied, par un chemin découvert d'où l'on a de tous côtés des vues superbes des montagnes du Gedé (2962 mètres d'altitude) et de la vallée, jusqu'au village de Tjibodas où nous retrouvons la voiture.

La pluie torrentielle nous surprend alors et ne cesse de tomber pendant toute la durée du voyage. La voiture de louage et son cheval ne peuvent résister à de pareilles trombes d'eau, aussi avons-nous de fréquents accidents aux montées et aux descentes qui se multiplient sur la route. Ce sont autant de causes de retard. On arrive malgré tout, avant la nuit, pour jouir du dîner agréable que M. Treub avait fait préparer dans sa jolie demeure de Buitenzorg. Le soir, les jardins sont bien sombres pour une promenade, avec leurs ombrages épais, aussi mon aimable hôte, sur mon désir, veut bien oublier ses occupations sérieuses pendant quelques moments pour m'accompagner au théâtre des Topengs, acteurs célèbres, alors en représentation dans la ville et qui jouissent dans tout le pays d'une grande réputation.

Nous assistons à des pantomimes. Les artistes sont affublés de costumes bizarres et leur figure est couverte d'un masque très caractéristique. La coiffure curieuse et souvent fort riche en ornements dorés et pailletés, est accompagnée de longues mèches de crins ou de légères brindilles de papiers colorés qui viennent encadrer les physionomies grimaçantes des masques et ajouter à leur étonnant aspect (voy. page 109). Les acteurs ne parlent jamais, ils n'ont qu'à faire des gestes expressifs, et peuvent encore marcher gravement ou danser sur la scène. La pantomime serait souvent très peu compréhensible malgré les momeries amusantes des artistes, aussi un régisseur caché dans la coulisse parle à haute voix et explique sommairement les scènes dont il s'agit. Quelquefois l'un des acteurs chante, alors il détache son masque avec sa main, en le tenant toujours devant sa figure qu'il ne doit jamais laisser voir. Il le remet ensuite solidement fixé en le tenant avec ses dents.

Les drames à succès rappellent d'antiques légendes où les Dieux les plus divers se mêlant de protéger ou de persécuter les pauvres mortels, tout comme dans nos féeries, viennent aussi aider au dénouement final.

Il me serait difficile de donner une analyse complète de la pantomime dramatique représentée, n'y étant resté qu'une demi-heure environ, tandis qu'elle dure généralement plusieurs longues soirées.

L'action du drame est lente, semble interminable et toujours monotone. Nous avons pu comprendre dans les quelques scènes qui excitaient notre curiosité surtout à cause de l'originalité des costumes, qu'une princesse en disgrâce était persécutée, puis une révolte survenait suscitée par les Dieux ses bons génies. Si nous étions revenus à la deuxième et à la troisième soirée, j'aime à croire que la situation de la princesse s'améliorait et que peut-être elle retrouvait enfin le bonheur.

La ville de Buitenzorg est peu importante et n'offre qu'un intérêt secondaire.
Il faut excepter cependant le parc du gouverneur, un séjour hors de pair avec
son avenue d'entrée extraordinaire toute plantée de figuiers multipliants dont les
mille racines aériennes bordent les côtés. Des biches et des daims peu farouches
errent partout en troupes sous les ombrages, et embellissent par leur présence ce
véritable paradis. Dans la ville, les avenues habitées par les Européens forment,
comme à Batavia, de superbes allées de parc très agréables à parcourir au moment

GROUPE D'ACTEURS JAVANAIS AVEC LEUR MASQUE, DÉSIGNÉS SOUS LE NOM DE TOPENGS.
(D'après une photographie.)

du coucher du soleil, l'heure choisie par les gracieuses dames hollandaises qui
aiment à faire un tour de promenade.

C'est le volcan le Salak, l'endroit le plus intéressant des environs, dont la vue
est grandiose. Toutes ses pentes sont couvertes de forêts, elles s'élèvent jusqu'à
la hauteur de 2215 mètres au-dessus du niveau de la mer. Le Salak est presque
éteint actuellement, de légères fumerolles seules s'échappent quelquefois sur le
versant occidental. On ne parle dans le pays que d'une seule éruption importante,
devenue mémorable, qui a eu lieu en l'année 1699.

Je devais rentrer à Batavia pour préparer mes excursions aux ruines de Bouro-
Boudor et m'enquérir d'un guide sachant la langue du pays. Sans cette précaution

le voyage perdrait beaucoup de son agrément, les villes une fois quittées, où la langue anglaise et surtout française sont encore à peu près connues dans les hôtels, on serait gêné constamment pour se faire comprendre et même quelquefois tout à fait empêché lorsqu'on traverse des petits hameaux ignorés. A l'hôtel Java où j'étais descendu, j'eus la bonne fortune de faire connaissance avec une charmante mère de famille, dame belge qui habite avec ses fils depuis quelques années Batavia et qui est propriétaire d'une importante maison de commerce. Je lui disais mon embarras de ne pas trouver un interprète agréable pour m'accompagner, elle me regarda en souriant et montrant son jeune fils âgé de 15 ans dont la mine intelligente et hardie prévenait tout d'abord en sa faveur : « Emmenez-le avec vous, cher monsieur, mon fils est en vacance, il sait le hollandais et le javanais fort bien et pourra partout vous être utile. Vous le rendrez heureux plus que vous ne pouvez croire, il meurt d'envie de voir ces ruines si réputées dans le pays et que, sans doute, il ne pourra jamais visiter, à moins d'une occasion exceptionnelle. » Ce fut bientôt affaire conclue avec la maman tout émue de laisser partir son fils. Je promettais de protéger au besoin et de bien soigner mon jeune guide, qui me ferait profiter à son tour de sa connaissance dans les langues du pays. Les bagages sont bientôt préparés et nous partons sur un joli navire tout neuf et bien aménagé, le *De Carpentier*.

Installé à bord, on me voit avec mon jeune interprète, M. Van der Meulen, et comme j'ai atteint l'âge où apparaissent les cheveux gris, on prend mon nom ·selon l'usage en déclarant : M. Tissandier avec son fils. Nous avons ri de la méprise sans vouloir la faire rectifier. Je devenais père sans m'en douter, de par la volonté du commissaire du navire.

Au lever de l'aurore du troisième jour de voyage nous apercevons les côtes de Samarang, spectacle féerique s'il en fut. De légères bandes de nuages argentés et roses cachent à peine six magnifiques volcans aux silhouettes grandioses qu'on aperçoit au loin. Ce sont le Sindoro (3 124 mètres) et le Sœmbing (3 336 mètres); *les deux frères*, disent les marins, les deux plus magnifiques. La mer est sillonnée de nombreuses barques de pêche aux voiles toutes brillantes, la ville et ses jardins se développent devant nos yeux. Le navire s'arrête, restant en rade ; un petit vapeur vient prendre les passagers pour les faire entrer dans le port, et quelques instants après, c'est en chemin de fer que nous nous rendons à Djogdjakarta.

INDUSTRIE JAVANAISE

Spécimen de l'étoffe, dite Sarrong, le principal vêtement des indigènes.

D'après nature. (page 97)

CHAPITRE IX

ı on compare Djogdjakarta à Batavia, la ville n'offre alors qu'un intérêt très secondaire, ses avenues plantées d'arbres sont cependant plus splendides encore, et les jardins des Européens qui y résident plus merveilleux peut-être. L'origine de Djogdjakarta remonte à des temps très reculés dans l'histoire. C'est sur son emplacement, ou tout au moins fort près dans son voisinage, qu'était élevé vers le commencement du ıxᵉ siècle Mataram, la ville des premiers rois Hindous du pays. Une des curiosités de Djogdjakarta est la visite qu'on va faire dans de lointains quartiers. Je veux parler des jardins et palais en ruine qui formaient l'ancienne demeure royale des sultans du pays. Ils ne sont d'ailleurs que relativement anciens. — Ce sont des bâtiments construits en briques, revêtus de stuc, presque partout dégradé ou tombé. Les jardins sont tristes. Séparés les uns des autres par d'anciennes murailles assez élevées, on doit les considérer plutôt comme des enclos dont l'ensemble est peu agréable. — Un grand bassin avec ses larges bordures dallées pouvait offrir un spectacle moins sévère, mais il est aussi séparé de tout par de hautes murailles. La vie ne devait pas être gaie dans ces demeures royales qui apparaissent plutôt comme étant le séjour de la monotonie. Les ruines existantes montrent cependant combien elles devaient être luxueuses et superbement décorées. La surface occupée par tous les jardins et pavillons séparés est considérable.

Les rues du bazar indigène sont amusantes à parcourir. On ne peut s'empêcher d'entrer dans le plus grand nombre des petites boutiques, occupées par les marchands de criss malais qui vous en exhibent de tous les genres. Djogdjakarta est resté célèbre pour ces armes originales, mais aujourd'hui il est difficile de trouver un spécimen intéressant de ces curieux couteaux à lame flamboyante et au manche sculpté avec une fantaisie pleine d'imprévu. Depuis longtemps les Européens ont remarqué ces criss malais, les voyageurs en achètent toujours dans le but de rapporter un souvenir qui ornera leur collection. Un grand nombre de ces couteaux ont disparu ainsi à jamais du marché, surtout les anciens, qu'on trouvait encore il y a quelques années. Il faut chercher longtemps maintenant pour en avoir un qui soit intéressant. Les nouveaux criss fabriqués n'ont plus le même caractère que ceux d'autrefois et sont trop grossiers dans leur exécution pour qu'on ait le désir d'en acquérir un seul. Je rentre à l'hôtel en passant par différentes belles allées de la ville. Nous sommes arrêtés dans l'avenue principale par une foule considérable qui se pressait devant une maison afin d'entendre une musique d'un rythme très accentué. Nous demandons de quoi il s'agit : c'est une représentation de Wajangs; on joue l'ouverture, nous dit-on.

Le peuple javanais n'a pas beaucoup de distraction dans son beau pays, aussi est-il heureux des spectacles que lui donnent les Topengs dont j'ai parlé plus haut, et à leur défaut il se réjouit presque autant à la vue des marionnettes qu'on désigne sous le nom de Wajangs, qui ne sont pour ainsi dire que des ombres, offrant une grande analogie avec nos ombres chinoises. Les grandes représentations des Wajangs ont lieu souvent dans un local spécial. On dispose une longue toile tendue sur un châssis, les ombres des marionnettes éclairées d'un côté par une lampe, s'y détacheront de l'autre en silhouette. Celui qui fait mouvoir ces poupées et qui déclame les paroles que les acteurs de papier semblent prononcer, se nomme un

Dalang. Auprès de lui, toutes les marionnettes sont rangées avec ordre dans des
boîtes, pour qu'il puisse les faire apparaître selon leur tour, et derrière lui, se
trouvent plusieurs rangées de musiciens qui souvent forment un véritable orchestre
nommé le gamelan salendro. Dès que le Dalang cesse de parler, la musique commence plus ou moins harmonieuse mais toujours fort bruyante. Quelquefois dans
des scènes dramatiques ou guerrières, si la musique a besoin d'être renforcée par

des sons sauvages et effrayants, le Dalang fait mouvoir une crécelle qu'il a à sa
portée. De par la convention théâtrale on admet que le bruit de cet instrument peu
délicat imite les cris de guerre.

D'un côté du châssis, les dames sont toutes assises, l'une près de l'autre, elles
ne voient que les ombres découpées des Wajangs. De l'autre, derrière le Dalang et
son orchestre, ce sont les spectateurs du sexe masculin qui eux, contemplent les
marionnettes telles qu'elles sont réellement avec leur costume brillant, doré ou
argenté, leur coiffure bizarre et leur physionomie ne ressemblant en rien à une
figure humaine. Elles ont aussi des bras d'une longueur démesurée que le Dalang
sait agiter en tout sens et fort habilement. Ces marionnettes de forme plate puis-

qu'elles sont faites pour être exposées devant un châssis de toile, sont découpées dans du cuir de buffle assez épais, leur hauteur varie entre 50 et 70 centimètres (voy. page 113). La richesse des peintures et dorures qui les décorent indique généralement l'importance du personnage que le Wajang doit représenter lorsqu'il est placé devant son transparent. Les représentations des Wajangs commencent le soir et se continuent souvent fort avant dans la nuit. Les sujets développés par le Dalang se rapportent presque toujours à d'antiques légendes javanaises. En dehors de ces représentations spéciales et assez luxueuses dans leur genre, il en est de plus populaires qui se font pendant le jour et dans la rue ; c'est alors un Dalang ambulant, dont les marionnettes moins riches d'aspect sont découpées simplement dans du papier. Les montures qui font marcher les articulations des jambes et des bras sont dans le premier cas en tiges minces faites de corne et fort délicatement exécutées, dans le deuxième cas ce ne sont plus que des tiges de bois grossièrement travaillées.

C'est une de ces représentations populaires qu'il m'a été donné de voir dans la principale avenue de Djogdjakarta.

Un marchand chinois aisé avait voulu donner ce spectacle à sa famille et pour atteindre ce but il avait commandé à un Dalang de venir avec ses Wajangs et son orchestre. Le châssis transparent était placé devant les portiques de sa maison et la lumière du soleil, donnant directement sur toute la surface, suffisait amplement pour produire les ombres voulues. Le chinois nous avait aperçus et comprenant mon désir de bien voir les Wajangs, eut l'obligeance de sortir de sa maison pour me faire entrer chez lui, la foule du dehors étant gènante. Je pris place auprès de quelques dames chinoises et de leurs enfants tout en les remerciant chaleureusement, avec l'aide de mon interprète.

De Djogdjakarta aux ruines de Bouro-Boudor la distance à parcourir ne demande pas plus de trois heures et demie environ. On prend selon l'habitude pour ce voyage une voiture à quatre chevaux qui deux fois sur le parcours, sont changés à des relais bien organisés. Le chemin, partout encadré de rizières verdoyantes et de jolis paysages est très fréquenté par de nombreux indigènes des deux sexes qui se rendent d'un village à un autre. Leur aspect pittoresque ajoute un charme de plus à la promenade, on remarque aussi les longues files de curieux chariots traînés par des bœufs. Le climat brûlant du pays a forcé les habitants à imaginer une forme spéciale pour leurs voitures. Ils les ont couvertes d'une originale toiture de chaume sous laquelle ils se mettent à l'abri des ardents rayons de soleil (voy. page 139). La route devient de plus en plus intéressante lorsqu'on approche

Phototypie Berthaud, Paris.

BUITENZORG (Java)

Vue de la section des bambous dans le jardin botanique.

D'après nature. (page 103)

des ruines qui sont toutes environnées de montagnes. Leurs silhouettes grandioses
font rêver.

Autrefois un séjour à Bouro-Boudor était une chose assez compliquée, il fallait
une tente pour camper, et des provisions de bouche étaient nécessaires. Aujour-
d'hui, grâce aux soins du gouvernement hollandais, tout est changé. On trouve
près des ruines une maison confortable toujours occupée par un gardien.
Il y a des chambres à coucher convenables et propres, un salon et une salle à
manger pour les voyageurs. Le gardien a des besognes multiples, il est chargé
de la surveillance générale de Bouro-Boudor, doit faire enlever les mauvaises
herbes qui croissent dans les ruines et entretenir celles-ci en bon état. Il sait
aussi être obligeant pour les touristes et se charge de préparer leur repas selon
leur gré. Peu après notre installation avec mon jeune interprète, nous entendons
une voiture arriver. Elle contient deux Français avec qui j'avais déjà fait connaissance à Batavia. Nous nous étions donnés rendez-vous à Bouro-Boudor sans
penser si bien réussir, mais ces messieurs au lieu de prendre comme nous par mer
avaient voulu aller par terre en profitant d'une partie de chemin de fer déjà exé-
cutée qui doit être actuellement tout à fait terminée. Cette nouvelle ligne, des
plus utiles, conduit les voyageurs de Buitenzorg à Djogdjakarta et permet
maintenant de parcourir l'île dans toute sa longueur jusqu'à la pointe où
se trouve la ville et le port de Sourabaja. L'un de mes nouveaux amis
M. Eyserric était chargé comme moi d'une mission accordée par M. le ministre
de l'instruction publique. Elle concernait la géographie en général; son compagnon M. G. Guérin se contentait de le suivre, heureux de faire en bonne
compagnie le tour du monde complet. On est charmé en voyage de se trouver
avec d'aimables compatriotes, surtout lorsque par bonheur ils ont comme vous le
même désir de bien voir et d'étudier curieusement toutes choses.

Les archéologues s'accordent à dire que la fondation de Bouro-Boudor date
du viiie siècle de notre ère. Le monument est voué à Bouddha selon toute évidence,
mais le culte de Brahma était de beaucoup le plus ancien dans le pays. Il est
naturel de penser que malgré la religion nouvelle, les artistes continuaient de se
servir pour les monuments, des plans et des formes extérieures primitives qu'ils
avaient étudiées depuis longtemps et qu'ils ne savaient encore modifier.

Bouro-Boudor offre dans son ensemble quelques rapports avec les pyramides
étagées qu'on voit dans le Cambodge siamois, telles que Piméan-acas et Bapuon
situées dans l'enceinte de Angkor-Thom, celles de Mi-Baume, de Préa-rup, etc.
Ces pyramides étagées étaient dit-on pour les Khmers comme pour les Javanais

un symbole représentant le Keylasa ou la montagne sacrée sur la cime de laquelle devaient se trouver le palais aérien de Siva.

Il existe un de ces monuments très caractéristique à Pollonarua (Céylan) qu'on nomme le Sat-Mehal-Prasada. J'ai pu en faire un dessin lors de mon voyage à Ceylan en 1890. (voy. ci-dessous). Il paraît être, comme comme ceux qu'on voit à Mahavellipore près Madras dans l'Inde méridionale, une sorte de réduction des monastères bouddhiques ou Viharas, de forme pyramidale, qui étaient composés de trois, cinq et même quelquefois neuf étages. Chacune des terrasses devait servir de lieu de promenade et même par suite du climat, de plate-forme dallée utile pendant la nuit à ceux qui dormaient à la belle étoile. Les soubassements respectifs de ces terrasses pouvaient contenir aussi des cellules où l'on trouvait un abri.

Dans la forme du vihara bouddhique et dans les pyramides étagées rappelant la montagne sacrée de Siva, il y a beaucoup de ressemblance.

Les artistes javanais ont peut-être pu être inspirés pour la construction de Bouro-Boudor et de leurs autres principaux temples par ces formes qui pour eux étaient légendaires; à Java, plus que partout ailleurs, les prêtres brahmaniques paraissent avoir accepté les lois nouvelles et se sont associés plus volontiers aux bouddhistes qui avaient de même une grande tolérance dans les idées religieuses. Les bouddhistes voulaient bien considérer les dieux brahmaniques Siva, Vishnou et d'autres encore, comme des bouddhas antérieurs à celui qu'ils adoraient. De là une sorte de fusion dont on peut constater les effets à Bouro-Boudor.

VUE DU SAT-MEHAL-PRASADA, A POLLONARUA (CEYLAN).
(D'après nature.)

Les prêtres de Brahma, avec une souplesse remarquable, consentant à perdre un peu de leur autorité première, ont su se mettre parmi les premiers dans le courant des sentiments religieux qui existaient alors. Ils ne s'opposent plus aux idées des différents peuples qu'ils savent encore unir dans leur protection spirituelle. Contraints par les idées révolutionnaires de l'époque, ils avaient déjà admis par leur tolérance, que Brahma, l'être suprème, pouvait être comparé et presque supplanté par Siva ou Vishnou.

De concessions en concessions, il n'y avait pas de prétexte pour que le nouveau prophète Bouddha ne soit pas accepté, s'il était possible de le considérer comme une nouvelle incarnation de Vishnou.

Les ruines des temples javanais donnent bien l'idée de la tolérance qui régnait alors dans les sectes religieuses vivant l'une près de l'autre, et dont le seul désir apparent, comme tout semble le démontrer, était de se surpasser en faisant élever des monuments de plus en plus riches, consacrés à leur Dieu préféré.

Bouro-Boudor est construit au sommet d'une petite montagne sur les flancs de laquelle on a fait des terrassements successifs qu'on a maintenus ensuite par des murs de soubassement et de terrasses dallées. Les matériaux qui les composent sont entièrement de pierres volcaniques. Il en est ainsi pour tous les autres monuments antiques de Java. Les pierres employées sont toujours de petites dimensions, presque celle de nos gros et anciens pavés parisiens, et posés à sec. Le ciment ou le mortier n'étaient pas en usage chez les anciens architectes de Java.

L'édifice se compose de neuf étages. Les six premiers affectant une forme carrée découpée par de nombreux angles qui contribuent à rompre la monotonie des promenoirs dallés marquant chacune des galeries différentes (voy. plan page 118). Les trois derniers étages, disposés sur des plates-formes peu élevées sont circulaires. Chacun d'eux est bordé par une rangée de Dagobas ajourés dont le nombre complet est de soixante-douze. Ils contenaient des statues accroupies de saints devenus Bouddhas à leur tour; peut-être avaient-ils été les apôtres du grand Çakya Mouni qui est placé dans l'intérieur du grand dagoba ou stupa central, le couronnement de Bouro-Boudor. Le mur du soubassement, véritable point de départ du monument, mesure environ 91 mètres de côté, celui de la plate-forme qui entoure l'édifice serait de 121 mètres environ.

Lorsqu'on est monté sur la première galerie ou plate-forme qui encadre les terrasses superposées de Bouro-Boudor on voit sur la muraille, placée au-dessus des superbes et colossales moulures du soubassement, une série de tableaux différents représentant des sujets pris dans la mythologie hindoue et montrant de nombreux dieux et déesses avec leurs attributs. A chaque angle de ce soubassement on remarque une gigantesque gargouille dont la gueule béante est destinée à rejeter les torrents d'eau de pluie qui tombent par moments du haut des terrasses supérieures (voy. le plan en B, page 118).

La gargouille se compose d'une tête fantastique de crocodile dont le museau

supérieur est terminé par une trompe d'éléphant légèrement enroulée et portant
une sorte de gland aux pendeloques richement ornées. Les mâchoires sont garnies
de nombreuses dents très accentuées qui semblent maintenir dans la gueule
largement ouverte, l'énorme conduit ménagé pour le passage des eaux (voy.
planche XXVII, page 121). Un petit nain grotesque soutient de sa tête et de ses
mains la mâchoire inférieure de l'animal. Ce type original de crocodile orné d'une

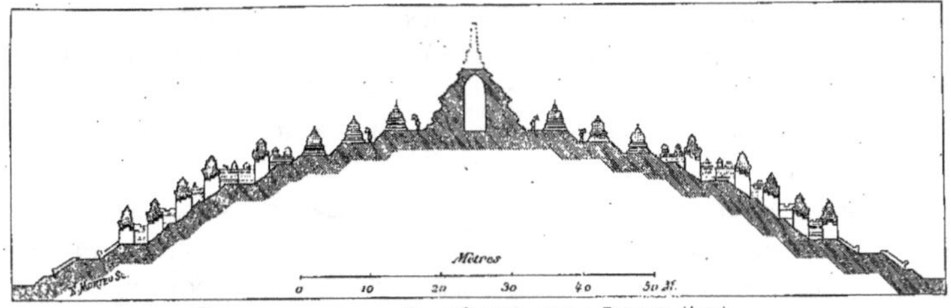

COUPE DU SANCTUAIRE DE BOURO-BOUDOR, VOUÉ A BOUDDHA (JAVA).

MOITIÉ DU PLAN GÉNÉRAL DE BOURO-BOUDOR, A JAVA. (Relevé sur place.)

trompe d'éléphant paraît être surtout d'origine Singhalaise. J'en ai remarqué de
nombreux exemples à Anuradhapura la ville morte de Ceylan, dont la fondation
est beaucoup plus ancienne que Bouro-Boudor et à Pollonarua également. Les
têtes de crocodiles servent à orner les perrons de pierre qui conduisent à l'intérieur du temple de Wata-Dagé l'une des plus curieuses ruines de cette seconde
ville antique enfouie aujourd'hui comme la précédente, sous la végétation épaisse
des arbres séculaires et des fleurs merveilleuses du pays.

Chaque promenoir à ciel ouvert des terrasses de Bouro-Boudor est garni sur ses deux côtés de sculptures. Les compositions les plus remarquables sont toujours du côté du mur de soutènement de la montagne. Elles se développent sur une longueur d'environ un kilomètre et demi, mais si l'on compte aussi les bas-reliefs du côté extérieur de chaque couloir, les sculptures réunies du monument mises bout à bout, auraient un développement de plus de trois kilomètres. Ce colossal travail rappelle par ses dimensions extraordinaires celui des bas-reliefs exécutés sur les murailles de Banh-Yong et d'Angkor-Vat dans le Cambodge siamois, il faut avouer qu'il ne ressemble en rien par son exécution à l'œuvre des Khmers.

A Bouro-Boudor, la statuaire est supérieure. il est vrai, les proportions humaines mieux observées sont moins naïves d'exécution, mais les autres ornements ne sauraient supporter de comparaison. Les moulures des corniches toutes formées par bandeaux plats n'ont aucune délicatesse et témoignent du peu de recherche des artistes qui les ont composés. D'autres détails encore sont peu étudiés. Il faut excepter cependant les belles moulures largement taillées du premier mur de soubassement et celles des grands Dagobas. De plus ces monuments formés d'étages superposés n'ont demandé aucun effort d'imagination pour la disposition de leur plan. Bouro-Boudor, en somme, n'est qu'une colline coupée en neuf étages. Les artistes Khmers savaient élever des temples ou des palais dont la composition générale était autrement savante. L'ensemble formé donnait des aperçus admirables, très étudiés et parfaits dans toutes leurs parties. Si le caractère des bas-reliefs javanais est absolument différent de celui des sculptures Khmères, il offre au contraire des rapports évidents avec celles qu'on admire aux Indes dans l'un des temples souterrains d'Ajunta et dans quelques parties de ceux de Nassick et de Salsette situés non loin de Bombay.

La seconde galerie contient les bas-reliefs les plus intéressants ; ils traitent tous, dans une série de 20 panneaux sculptés, de la vie de Bouddha dont on peut suivre aisément toutes les phases.

Sa jeunesse au milieu du luxe de la cour de son père, son mariage et les années heureuses qui suivirent cet important événement, les moments d'extase du grand homme et son renoncement aux grandeurs de ce monde, sont autant de motifs ciselés dans la pierre avec une puissance rare. On remarque enfin les nombreux épisodes de son existence d'anachorète dans les forêts, etc. Les autres étages possèdent des bas-reliefs qui se rattachent à la religion bouddhique. Les apôtres du Çakya Mouni souvent répétés sur les panneaux sont groupés par trois, quelquefois par neuf personnages. Ils prêchent la religion nouvelle et souvent ils sont mêlés avec des saints d'autres sectes religieuses comme les Boddhisatvas et les Dhyanis. Plus loin ce sont des scènes représentant les nombreux miracles opérés par Bouddha ou des cérémonies diverses relatives à son culte, etc. Sur le côté opposé à ces bas-reliefs, c'est-à-dire le long de la muraille extérieure de clôture de cette deuxième galerie, on remarque d'assez curieuses compositions n'ayant aucun rapport avec la religion bouddhique. Il y a de charmants motifs essentiellement brahmaniques, d'autres qui sont en opposition complète avec la religion de Çakya Mouni, surtout du côté orienté au Midi. Voici un jeune Hindou dont la tête est ornée d'un diadème fort riche. Ses oreilles sont garnies de grosses boucles et son cou porte un beau collier. Assis à l'ombre de palmiers, on le voit en adoration devant le taureau divin Nundi, l'animal favori du Dieu Siva et de la déesse Parvati sa femme (voy. planche XXVIII, page 125) à côté de ce gracieux tableau, il y avait d'autres sujets appartenant à la vie du demi-dieu Hanuman, grand ami de Rama (incarnation de Vishnou) et le héros le plus populaire chez les adorateurs de Brahma. L'un de ces tableaux représente encore une fois Nundi caressé par un singe. Tout auprès du premier panneau, dans un petit cadre complètement isolé, je voyais la représentation parfaite d'un chat, l'animal qui, selon les légendes, surtout parmi les Japonais, n'a jamais voulu reconnaître les lois de Bouddha. A la mort du grand réformateur devenu le Dieu suprême, tous les animaux de la terre voulant lui rendre hommage, se sont faits représenter par quelqu'un de leur espèce, afin d'adorer une dernière fois sa dépouille mortelle. Les stèles sculptées, de nombreux bas-reliefs et d'anciennes images représentent cette scène devenue populaire aussi bien aux Indes qu'en Chine et au Japon. Le chat seul, l'être indépendant par excellence, n'a point paru à cette cérémonie dernière, les lois religieuses nouvellement prescrites par Bouddha lui semblaient peut-être suspectes. Les portes triomphales qui marquent les entrées de chacune des six premières galeries de Bouro-Boudor, presque toutes semblables, sauf quelques détails, sont très remarquables dans leur silhouette générale (voy. planche XXIX, page 133). Placées dans l'axe principal de chacun des côtés du carré que forme le temple, elles sont orientées suivant les points cardinaux. Le motif principal se compose d'une arcade mais les joints des pierres sont horizontaux ; c'est le système employé par les Khmers et aussi par les architectes de l'Inde et de Kashmir. Les artistes javanais avaient aussi l'idée de représenter la clef de voûte, quoique dans le cas présent elle soit tout à fait inutile et ont eu soin de la marquer mieux encore par un gros masque sculpté représentant une tête diabolique (le Rhéou des Khmers). La voûte est bien nettement accusée ; enlever les petites assises en encorbellement qui la

RUINES DE BOURO-BOUDOR (Java)

Vue d'une des grandes gargouilles de la première terrasse.

D'après nature. (page 118)

supporte était facile, mais ils n'osaient ou ne pensaient pas encore à ce détail.
Les architectes ont préféré au contraire les faire valoir, en sculptant sur leur
saillie de charmants motifs. Ce sont des oiseaux du ciel à tête de femme. J'ai
dessiné quelques-unes de ces créatures célestes souvent représentées dans les
bas-reliefs du temple de Tjandi Loro Djonggrang (voy. page 125). On ne peut s'empêcher de penser en les voyant à l'analogie curieuse qui existe entre eux et nos
gracieux chérubins aux têtes ailées, que les peintres ont si souvent reproduits dans
leurs tableaux religieux. L'arcade, d'élégante proportion, forme en même temps le

chambranle de la porte et se termine à la
base par une tête de crocodile analogue à
celle des gargouilles que j'ai décrites plus
haut. De la gueule ouverte de ces monstres
sort un petit diablotin à la physionomie
grimaçante.

Le dessus de chacune de ces portes était
surmonté de trois piédestaux détachés, portant chacun des Dagobas, le piédestal du
milieu était plus important que ceux qu'on
voit sur les côtés. Aucun de ces ornements
n'est resté intact par suite des tremblements
de terre, mais on peut malgré l'état de ruine
actuel, reconstituer en quelque sorte le couronnement de ces intéressants motifs d'architecture. Tout le long du mur de clôture
des galeries, au-dessus des bas-reliefs de
l'étage inférieur, régnait un faux chéneau

VUE D'UN DES MOTIFS DE SCULPTURES QUI SURMONTENT
LES BAS-RELIEFS DE BOURO-BOUDOR.
(D'après nature.)

très riche en sculpture qui servait en quelque sorte de base à une série de niches
dans lesquelles trônait une statue de Bouddha assise à l'orientale. Ces niches
étaient surmontées comme les portes d'entrée des escaliers, de piédestaux sur
lesquels était placé un Dagoba. Un attique dont le panneau principal était orné
d'un Dieu sculpté en haut-relief, servait à relier entre elles toutes ses niches qui
formaient au-dessus des bas-reliefs un motif d'ornement continu. On en comprendra
mieux l'arrangement en considérant la gravure ci-contre. A tous les angles sail-
lants qui marquent les détours de chaque étage à ciel ouvert, il y avait comme
dans le mur de soubassement de la première galerie, une gargouille colossale pour
rejeter les eaux de pluie (voy. en E sur le plan, page 118). Celles-ci sont aussi
16

remarquables dans leur genre (voy. la tête du chapitre VIII, page 101). Ce sont des
têtes d'aspect presque humain, grotesques avec leur chevelure étrange, leurs oreilles
formées de rinceaux curieux et leur mâchoire garnie de grosses dents. Des pattes
minuscules tout à fait hors de proportion avec l'ensemble de la sculpture, malheureusement toutes brisées, aujourd'hui, accompagnaient cette tête fantastique.

Nous arrivons au niveau de la sixième galerie où commencent les trois étages
de forme circulaire. Ils s'élèvent graduellement, n'étant composés chacun que de
quelques marches. La vue qu'on contemple à cette hauteur est de tous points
merveilleuse. Le volcan le Merapi et les montagnes voisines, le volcan éteint le
Sœmbing avec les campagnes magnifiques et les forêts de verdure qui les entourent, forment un panorama grandiose. Sous le soleil éclatant de Java, les perspectives s'agrandissent; elles découvrent des lointains d'une profondeur inconnue,
éclairés d'une lumière brillante, incomparable. Revenus de notre admiration,
nous visitons avec mes compagnons les Dagobas dont la calotte de pierre est découpée de losanges réguliers. On en remarque la taille soignée dans les débris ruinés
de quelques-uns d'entre eux. Ces losanges forment quatre rangées superposées
au-dessus des larges moulures de la base, une sorte de pinacle très pointu les
surmontait. Ces édicules ajourés, presque semblables à des cages, renfermaient
des saints vénérés. J'en compte soixante-douze, les statues sont toutes assises à
l'orientale, étant à peu de chose près de grandeur naturelle. D'étage en étage, le
voyageur passe ainsi une revue qui certe n'est point banale. La majesté du tableau
est vraiment exceptionnelle, mais cependant l'impression qu'on en reçoit est loin
d'être aussi profonde que celle éprouvée lorsque, au Cambodge, sur la troisième
terrasse de Banh-yong, on contemple les quadruples visages colossaux de Brahma
qui semblent vous protéger et dont les yeux surveillent vos moindres mouvements. Ce spectacle reste seul inoubliable. La planche XXX (p. 139) représente une
partie du deuxième étage des Dagobas dont le plan est circulaire, avec la vue du
volcan éteint le Sœmbing (3336 mètres au-dessus du niveau de la mer) qu'on
aperçoit au fond du tableau.

Le sommet de Bouro-Boudor est bientôt franchi, nous sommes au pied du
sanctuaire où réside encore la statue du saint des saints. Elle était cachée autrefois
à tous les yeux, enfermée dans les murailles impénétrables de son Dagoba. On a
éventré depuis longtemps les murailles pour pénétrer les mystères de ce lieu
sacré. Bouddha apparaît aujourd'hui, mais son image sculptée est inachevée,
aucun mortel ne pouvant, disait-on, représenter complètement un être divin
aussi parfait. Autour de lui les pierres sont écroulées et dans leurs assises

disjointes ont poussé quelques plantes qui trouvent le peu d'humidité nécessaire à leur existence. De délicats Adianthums prospèrent dans ce sanctuaire qui devait être inviolable. Le couronnement du Dagoba a été détruit par les tremblements de terre, mais peut-être aussi par la main des hommes. On parvient au sommet, c'est-à-dire jusqu'aux dernières assises de pierres qui devaient servir de base à l'obélisque terminus depuis longtemps tombé, en gravissant, comme autant de marches d'escaliers, les pierres volcaniques encore solides qui constituent la muraille. L'admirable panorama des environs se développe alors tout entier sous vos yeux.

L'époque. où j'étais à Bouro-Boudor (février et mars 1895) était fort intéressante par suite d'un événement qui occupait alors le pays. Le volcan le Mérapi, éteint depuis près de quinze années, venait depuis quelques semaines de s'allumer de nouveau. On voyait d'immenses vapeurs soufrées ou d'un noir épais s'échapper de son cratère, et le soir c'était alors des traînées lumineuses de pierres ponces incandescentes qui se précipitaient le long de ses pentes. Du haut du sanctuaire de Bouddha, nous avions avec mes compagnons, le merveilleux spectacle du volcan en feu, et nous ne pouvions en détacher nos regards. Nous voulons nous en approcher le plus possible pour jouir mieux encore des effets de cette éruption intéressante et inattendue, aussi nos préparatifs sont bientôt ordonnés. Heureusement nous étions pourvus de voitures, les cochers attendaient le moment de notre départ. Prévenir d'avance de notre arrivée prochaine le magistrat hollandais qui réside dans la petite ville de Mantilan voisine de Bouro-Boudor, est chose bientôt faite. Nous partons le lendemain dès l'aurore.

Obligeant comme les Hollandais savent l'être, le résident nous donne des conseils pour notre excursion et une lettre pour l'assistant Javanais du petit village de Soudimoro qui seul pourra nous fournir les chevaux nécessaires à notre ascension et les vivres pour notre séjour près du volcan. Mon jeune interprète Van der Meulen, montre son savoir-faire dans cette occasion, il nous tire de peine avec intelligence et vivacité lorsque nous arrivons chez l'assistant. La réception de ce brave Javanais est d'autant plus cordiale, puisqu'il peut échanger quelques bouts de conversation avec nous. Il prie sa femme de nous préparer à déjeuner; et gracieusement, elle veut bien nous servir plusieurs mets du pays et du thé sous un portique entouré de fleurs, embelli par un jardin rempli d'arbres délicieux. Les chevaux sont amenés ensuite, et après le bon voyage traditionnel nous quittons Soudimoro. La route est superbe d'un bout à l'autre, ce pays de Java est vraiment un paradis sur terre que nous parcourons pendant trois heures pour atteindre à la hauteur de 1500 mètres environ, la cabane Von Ede placée à la base du Merapi. Ce lieu est très primitif, mais il y a un gardien, on peut coucher à l'abri sur des nattes et les provisions données par l'assistant Javanais nous suffisent pour un jour. Le volcan, vu de ce point, est admirable, nous contemplons de près cette fois les immenses coulées de pierres ponces qui sont accompagnées de fumées de couleur de rouille. Elles s'élèvent dans le ciel en produisant des immenses masses de formes arrondies et contrariées. L'éruption s'arrête fréquemment, ne se produisant que par intermittences, les nuages de vapeur s'éclaircissent et nous permettent de contempler en détail les cimes découpées du cratère (2866 mètres d'altitude) et les coulées de pierres ponces sous un nouvel aspect. La nuit le spectacle est plus intéressant encore, le Merapi est illuminé par les vapeurs devenues brillantes qui s'échappent du haut de son cône, tout s'éclaire de lueurs effrayantes ; les coulées incandescentes forment des cascades de feu dont l'effet est surprenant.

Se reposer la nuit auprès d'un volcan en éruption est chose difficile ; à tous moments, il fallait sortir pour admirer de nouveaux effets. Le sommeil ne saurait venir d'ailleurs, à cause de nos guides et de nos coolies Javanais. Ayant l'habitude de faire la sieste pendant l'après-midi, ils restent en éveil une partie de la nuit et profitent de ce moment pour causer entre eux.

Leur bavardage devient insupportable et rien n'est plus terrible que le voisinage de ces braves gens qu'on ne peut faire taire. C'est par le même chemin que nous redescendons le lendemain matin les pentes du Merapi, nous étions rentrés à l'heure du déjeuner à Djogdjakarta.

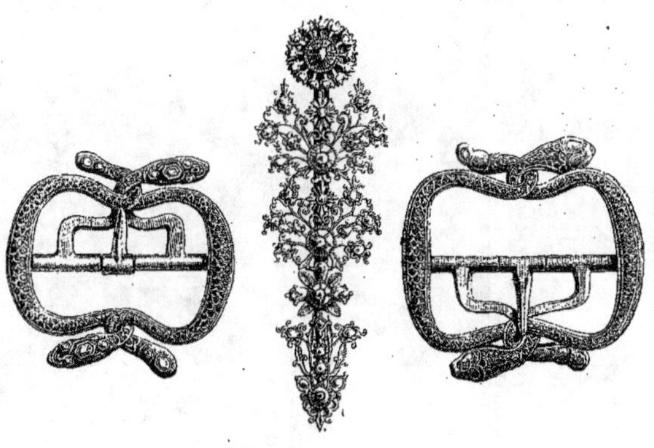

RUINES DE BOURO-BOUDOR (Java)

Bas-relief représentant un javanais en adoration devant Nundi le taureau divin.

D'après nature. (page 120)

CHAPITRE X

ISITER une partie des ruines célèbres qui se trouvent à Prambanam est chose facile aujourd'hui. Le chemin de fer partant de Djogdjakarta vous conduit en vingt minutes à peine à la station où l'on doit s'arrêter pour s'y rendre. Une courte promenade à pied par un chemin tracé sous les ombrages de beaux arbres et de bambous suffit ensuite ; on est arrivé à Tjandi Loro Djonggrang, ou le groupe de temples de Prambanam. Ils sont surveillés attentivement aujourd'hui par un gardien qui reçoit les voyageurs, les guide et peut leur donner un abri momentané sous une vérandah attenant à son propre logement (voy. en V, plan, p. 128).

Ces ruines étaient entièrement cachées sous une épaisse végétation, les terres peu à peu surélevées par le travail de plusieurs siècles en avaient enfoui aussi une grande partie. Ce n'est que dans l'année 1797 qu'elles ont été découvertes. Elles sont restées longtemps, malgré l'intérêt qu'elles devaient exciter, dans un état complet d'abandon. Vers le milieu de l'année 1885, une Société archéologique naissait à Djogdjakarta, dont le but était d'encourager les recherches relatives aux antiques monuments de Java. Elle eut pendant un certain temps pour président M. Ijzermann qui a publié un très intéressant recueil des travaux accomplis par la Société [1]. C'est dans son ouvrage que j'ai pu recueillir les dates de l'origine des temples, Tjandi Loro Djonggrang.

La Société de Djogdjakarta fut heureuse dans ses trouvailles qui vinrent compléter les documents et objets que possédaient déjà le gouvernement et la Société batavienne des arts et des sciences.

Deux des inscriptions trouvées dans les fouilles récentes sont très intéressantes. Sur une planche de cuivre qui date de la première moitié du ixe siècle on voit qu'à cette époque il existait déjà un roi de Mataram sous le règne duquel la ville de Prambanam et les temples ont été fondés. Ce souvenir était ignoré ou complètement perdu pour les historiens de Java. Mataram ou une dynastie du même nom n'étaient désignés à notre époque qu'après le règne du fameux prince Hindou Modjopahit. Une autre date curieuse déchiffrée sur une inscription taillée dans la pierre marque l'année 779 de notre ère comme celle où l'on commençait les temples de Tjandi Kali Bening et de Tjandi Sari qui font partie du groupe des sanctuaires de Prambanam. Il est probable que le temple de Tjandi Loro Djonggrang était aussi en construction vers ces mêmes dates. Leur ressemblance dans l'ensemble et les détails est si frappante qu'on doit penser qu'ils furent élevés presque en même temps.

D'autres inscriptions ont été déterrées, elles sont malheureusement en vieux javanais et composées de lettres indéchiffrables de l'écriture Kawi. D'après les observations faites par M. Brandès c'est vers l'an 700 de notre ère que cette écriture aurait commencé à être employée.

La plus ancienne des inscriptions dont a pu saisir le sens daterait de l'année 824 (ap. J.-C.). Elle commence par rendre hommage à Siva, la dédicace d'un autre, la seule de son espèce, est en l'honneur de Bouddha. Les rois d'alors étaient des adorateurs de Brahma et représentaient en quelque sorte la religion officielle. Nous voyons qu'au commencement du ve siècle, l'époque où le célèbre voyageur Fa-Hian, le pèlerin bouddhiste, pénétrait dans le pays, la religion de Brahma y dominait encore.

Les habitants de Java commençaient cependant à être en opposition avec leur

---

1. J. W. IJZERMANN, *Beschrijving der Oudheden nabij de grens der residentie's Særakarta en Djogdjakarta door*. Batavia. Landsdrukkerij, 1891.

gouvernement, ils s'enthousiasmaient de plus en plus aux idées nouvelles et se convertissaient au bouddhisme.

Les événements politiques ont été probablement moins funestes pour les temples javanais que les révolutions naturelles produites par les tremblements de terre, la domination étrangère ne ruinait pas autant le pays. Les éruptions formidables du volcan le Merapi couvrant le sol de cendres, de pierre et de boue causaient encore plus de dommages.

Dans les récits anciens il est dit que dans un de ces tremblements de terre, les voûtes de différents temples se sont écroulées, enfouissant sous leurs décombres les statues des Dieux. Des temples n'étaient pas encore achevés qu'on devait précipitamment abandonner les chantiers formés pour les construire. Le peuple devait fuir pour éviter les fléaux produits par le volcan. On voit encore des traces de travaux délaissés près de Tjandi Loro Djonggrang et de Tjandi Sewœ dont nous parlerons plus loin. Les faits démontrent que des révolutions volcaniques soudaines ont eu lieu dans le pays et ont amené des catastrophes telles que le peuple n'a jamais pu s'en relever.

Les Arabes musulmans disputaient aux dynasties Hindoues la domination de l'île et apportaient dans ce pays une religion nouvelle. Devenus vainqueurs ils furent prompts à convertir la population javanaise. En 1478, ils rasaient la capitale du roi Modjopahit située près de la ville de Soubaraja. La décadence du royaume javanais ne fit que s'accroître après l'écroulement de ce règne, le dernier qui soit resté célèbre chez les Hindous. Le pays restait d'abord au pouvoir du roi Demak, il eut depuis des maîtres différents, mais les malheurs s'accentuent de plus en plus. En 1550 on sait que le sultan de Padjan cédait Mataram qui n'était plus habité que par trois cents familles environ à Kjai Gedé Pamanahan.

On ne peut s'étonner si par ces raisons les sanctuaires de Brahma ou de Bouddha sont alors délaissés. Les statues et les beaux bas-reliefs étaient méprisés par les musulmans qui n'admettent pas dans leur culte, la représentation humaine.

La puissance merveilleuse de la végétation envahissant toutes choses dans le pays et les fréquents tremblements de terre firent le reste. Les hommes, jusque dans la période moderne, contribuèrent à la destruction des temples déjà ruinés, ils trouvaient dans ces lieux jadis sacrés des amas de pierres toutes taillées qu'ils pouvaient utiliser à la construction de leurs maisons, des routes et des ponts qu'ils devaient faire dans le voisinage.

Dès qu'on approche de Tjandi Loro Djonggrang on saisit presque à première vue tout l'ensemble de son plan. C'est une composition simple et très nette qui devait produire un effet considérable quand chaque édifice était au complet.

Les parties marquées en gris clair sur le plan ci-contre montrent les fondations et les murailles, encore visibles actuellement, de chacun des petits sanctuaires et de la deuxième muraille d'enceinte qui les protégait. Celles qui sont de teintes plus foncées montrent les édicules et sanctuaires qu'on peut étudier et dont les ruines sont encore remarquables. Les fondations d'un premier mur d'enceinte ne sont plus visibles que dans quelques parties seulement ; leurs vestiges ne sont pas indiqués sur le plan, ils seraient plus loin, hors du cadre.

Les trois rangées de petits temples qui forment une sorte de bordure autour de la troisième terrasse (voy. en T) ont disparu pour la plupart aujourd'hui. Ils gênaient les indigènes désireux de cultiver leur champ qu'ils ont toujours débarrassé autant que possible des décombres accumulés par les années. Les fondations sont cependant conservées en bien des places et avec les travaux qui sont continués on trouvera sans doute d'autres vestiges.

PLAN D'ENSEMBLE DE TJANDI LORO DJONGGRANG (JAVA).
(Relevé sur place.)

La première rangée extérieure devait donner le nombre de 60 petits sanctuaires ; dans celle qui venait ensuite on pouvait en compter 52 et dans la troisième rangée qui borde la troisième terrasse il y en avait 44. Ces 156 petits temples égaux en surface, à peu de chose près, avaient certainement le même aspect ; leur plan était de forme carrée.

On doit remarquer que leur porte d'entrée fait toujours face dans chaque sens du carré, au côté extérieur. Nous arrivons enfin au pied de la troisième terrasse qui s'élève au-dessus des petits temples. Quatre perrons de pierres nous conduisent à la grande plate-forte qui contient le temple principal, cinq autres de moindre importance et deux autres encore en Z (voy. le plan d'ensemble). Au centre, des fouilles récentes ont découvert une sorte de bordure de pierre encadrant un fond dallé (voy. en M, plan, page 128) qui semble indiquer la place d'un ancien bassin.

Par suite du déblaiement graduel des terres qui cachaient les ruines et qu'on continue d'exécuter, le sanctuaire principal est dégagé aujourd'hui de même que les autres ; on en voit l'ensemble complet. Le plan de ce sanctuaire est en forme de croix ; j'ai pu en faire le relevé approximatif (voy. ci-dessous). Des escaliers conduisent d'abord aux quatre entrées, A, sorte de porches qui anciennement étaient voûtés. Actuellement les assises de bases seules existent ; ces porches servaient de premier vestibule à chacun des sanctuaires. Il fallait descendre de droite et de gauche quelques marches pour arriver au niveau de la galerie à ciel ouvert ou chemin de ronde (voy. en G) et pour en faire le tour complet, on devait remonter chaque fois sur le sol surélevé de ces porches.

Les panneaux latéraux de cette galerie étaient revêtus de bas-reliefs remarquables exécutés avec le même art que ceux de Bouro-Boudor et d'ornements parfaitement composés. J'ai remarqué plusieurs panneaux représentant des combats avec des hommes à figure de singe, sans doute des compagnons du Dieu Hanuman.

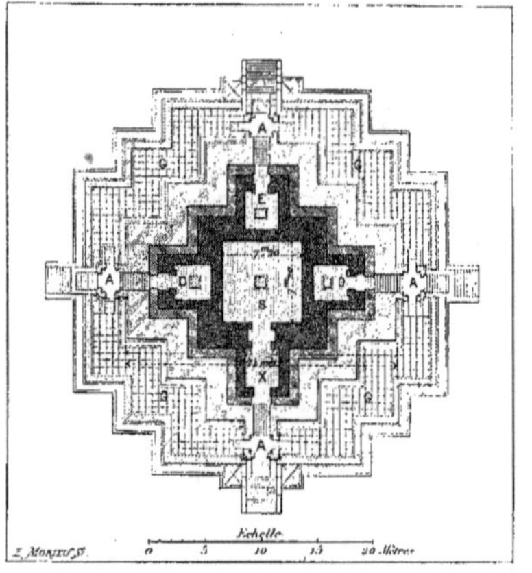

PLAN DU SANCTUAIRE PRINCIPAL DE TJANDI LORO DJONGGRANG.
(Relevé sur place.)

Si l'on veut parvenir dans l'intérieur des sanctuaires il faut continuer de gravir encore quelques hauts degrés pratiqués dans l'épaisseur des murailles en continuant son chemin dans l'axe de chacun des porches d'entrée. Les sanctuaires ne communiquent pas entre eux, autrement que par le chemin de ronde extérieur.

La *grande salle* principale (voy. en S) était précédée d'une première petite chambre, X, où se trouvent encore les statues très précieusement sculptées, de deux dieux gardiens ou Dwarapalas, se tenant debout. Celui de gauche, le plus curieux, est coiffé d'une tiare entourée de sa gloire, sa figure est imberbe. La main gauche tient un chasse-mouches négligemment rejeté sur l'épaule, tandis que la droite presque ouverte semble montrer une fleur épanouie de lotus. Derrière le bras droit de la statue est sculpté un trident. Le Dwarapala de droite

17

est de même coiffé d'une haute tiare. La lèvre supérieure du dieu est ornée d'une
fine moustache. La main gauche est appuyée sur la hanche et la droite tient une
massue dont l'extrémité est posée à terre. La voûte entière du sanctuaire S est
tombée, mais parmi les décombres et les pierres qu'il a fallu retirer on a découvert
tous les fragments de la statue colossale, l'ornement principal du lieu sacré. Ces
débris réunis, la statue a pu être refaite.

C'est le Dieu Siva, sa hauteur est de trois mètres, il possède quatre bras. La
main supérieure du côté droit tient un chasse-mouches, l'inférieure un bouton de
lotus. La main gauche supérieure tient un reliquaire, tandis que l'inférieure s'élève
sur la poitrine en faisant un des gestes conventionnels admis dans les rites religieux.
On remarque au milieu de la tiare placée sur la tête du Dieu, une tête de mort. Il
a pour ceinture un cobra dont le corps s'élève le long de sa poitrine, appuyant
sa tête menaçante contre l'épaule droite. La statue a été remise en place sur le
piédestal de un mètre de hauteur qui existait encore. Sa forme est carrée, il est
orné de quelques moulures formées de bandeaux plats et possède sur l'un de
ses côtés la gargouille traditionnelle qui servait pour l'écoulement de l'eau sacrée
qu'on répandait sur le Dieu.

La gargouille d'assez forte saillie, est soutenue par une console composée
d'une tête de Naga sortant d'une fleur de lotus.

Les trois autres sanctuaires sont de proportions plus petites et leur voûte était
moins élevée que celle du centre. La salle sacrée (voy. en E) est vouée au dieu
Gonesh, fils de Siva et de Parvati. La statue à peu près complète y trône encore
sous la voûte restée presque intacte.

On l'aperçoit dans l'ombre au fond du sanctuaire, avec sa tête d'éléphant (voy.
la gravure, p. 131, qui représente la façade orientée à l'ouest de Tjandi Loro Djonggrang dans son état de ruine actuel). Dans le sanctuaire orienté au nord (voy. en O),
réside la déesse Dourga, une des incarnations de la déesse Parvati, la femme de
Siva. Auprès d'elle se trouve le taureau Nundi. La statue a huit bras. La main
gauche inférieure tient par les cheveux la tête d'un asura, le génie du mal qu'elle
vient de tuer et dont la physionomie exprime encore la rage et la douleur. Les
trois autres mains possèdent un arc, un bouclier et un coquillage marin (Sangka)
pourvu d'ailes. La main droite inférieure tient la queue du taureau et les trois
autres une épée, une flèche et un javelot. La déesse habillée somptueusement, est couverte de colliers, de bracelets ciselés dans la pierre avec une finesse incomparable.

Une statue représentant encore Siva sous une autre forme est aussi dans le
sanctuaire (voy. en D).

Les cinq temples de moindre grandeur qui accompagnent le sanctuaire
principal voué à Siva se composent d'une salle unique qui était aussi voûtée. Elle
était entourée d'une galerie à ciel ouvert, partout de plain-pied, contrairement
à celle du temple central; des bas-reliefs et de gracieux motifs de sculpture
ornaient ses murs latéraux. Un seul escalier de pierre s'élevant au-dessus du sol
de la grande plate-forme y conduisait.

Le temple n° 1 (voy. plan, page 128) contient une belle statue de Brahma

(2 m. 40 de hauteur) : le dieu à quatre visages et à quatre bras, est vêtu d'habil-
lements d'une richesse extrême. La sculpture est bien conservée, son exécution
est parfaite dans son genre. Les quatre profils du dieu ont une beauté remarquable.
Ils montrent le type aryen dans toute sa beauté et leur perfection égale presque
celle des belles têtes sculptées qu'on remarque chez les Khmers, à Banh-Yong et
à Angkor-Vat. Du côté droit de la statue une main tient un reliquaire, l'autre
presque ouverte, montre un bouton de fleur de lotus.

Du côté gauche elles tiennent, l'une le vase d'eau dont se servent les ascètes,
et l'autre une fleur épanouie de lotus. Derrière cette statue, contre le mur,

des petites statues de Brahma qu'on a restaurées à grand'peine avec les fragments retrouvés sont aussi fort curieuses à étudier.

Le sanctuaire (voy. n° 3) qui fait face au temple principal était voué à Nundi, le taureau divin qui servait de monture à Siva. Sur la muraille du fond du sanctuaire on voit en bas-reliefs l'image du dieu Surya debout sur un char attelé de sept chevaux et celle de Tjandra, debout également sur un char attelé de dix chevaux, tous représentés de face.

Dans la salle intérieure du temple n° 2 on remarque Vishnou portant sur son bras gauche une petite sculpture représentant sa femme Lakshmi. A l'extérieur ce sont des sculptures relatives au quatrième et au cinquième avatar de Vishnou décrit dans les poèmes puraniques. Celle de l'homme-lion ou Nrisinga, déchirant de ses griffes Hiranyâksha, est le quatrième avatar, le cinquième traite du Vamana, la légende qui décrit comment Vishnou sut reconquérir pour lui et tous les dieux les royaumes du ciel et de la terre. Bali était devenu le roi des trois mondes. Vishnou lui apparut un jour sous la forme d'un nain pour lui demander la faveur d'exaucer le souhait qu'il ferait, c'est-à-dire obtenir la propriété de la largeur de terre qu'il pourrait enjamber en faisant trois pas. Bali ne se méfiait pas d'un nain, il consent à ce vœu ; aussitôt Vishnou reprend sa forme divine et montre sa puissance. De son premier pas il devenait déjà maître du ciel, du second il s'emparait de la terre. Bali le supplie de s'arrêter, mais le dieu fait son troisième pas sur l'empire des mers et l'écrase en même temps en le précipitant dans les enfers.

La statue n° 1 (voy. le cul-de-lampe, page 154) montre Vishnou reprenant sa forme divine, il lève sa jambe jusqu'à la hauteur de sa tête, et se prépare à exécuter ses trois pas. Le dieu n° 3 montre Nrisinga, la quatrième incarnation de Vishnou, déchirant le démon de ses mains, le dieu n° 2 est aussi Vishnou prêt à accomplir ses trois pas légendaires. Ces deux dernières figures ont été copiées par moi sur des gravures populaires que j'ai pu trouver dans les villes de l'Inde méridionale, tandis que le n° 1 représente la statue de Tjandi Loro Djonggrang.

Ces trois temples (voy. en 1, 2, et en S sur le plan, page 128) dédiés à Siva, Brahma et Vishnou, représentaient, comme on le voit, le *trimourti* brahmanique.

Le temple (voy. n° 4) placé en face de celui de Brahma n'a plus sa statue, le n° 5 qui est opposé à celui de Vishnou possède actuellement la sienne. C'est celle de Siva ou Mahadeva (le grand dieu), ses membres mutilés gisaient dans les décombres. Il a été possible de le restaurer. Les petits sanctuaires (voy. en Z, sur le plan) n'offrent guère d'intérêt par suite de leur état de ruine.

Il était difficile de saisir la destination exacte des temples ruinés de Pram-

RUINES DE BOURO-BOUDOR (Java)

Vue d'une des portes des escaliers menant aux différents étages.

D'après nature. (page 120)

banam, des fouilles et des recherches sérieuses n'ayant pas été faites pendant une longue période d'années. Actuellement, les travaux qu'on a exécutés ont jeté au jour nouveau sur cette question et il devient presque facile de démêler un mystère qui semblait impossible à résoudre.

Chaque statue des temples de Loro Djonggrang que nous venons de décrire, recouvrait l'orifice d'un puits assez profond, il en était de même pour tous les autres temples faisant partie du groupe.

Parmi les fouilles faites dans le puits du sanctuaire principal placé sous la protection de Siva, on a trouvé après les premières levées de terre des débris de statues et de sculptures de toutes sortes et un assez grand nombre de petites piécettes de cuivre. A 5 m. 75 de profondeur on se heurtait à une dalle de pierre qui recouvrait un petit vase funéraire posé sur un sol mêlé avec du charbon de bois et des débris de petits ossements d'animaux qui avaient dû subir l'action du feu. Creusant jusqu'à 13 mètres on trouvait le fond du puits.

Le vase funéraire contenait des cendres placées entre des plaques de cuivre en partie réduites en poussière. On ramassait en même temps tout auprès, divers objets avec douze petites plaquettes d'or parmi lesquelles on reconnaissait les figures d'une tortue, d'un naga ainsi que les silhouettes d'une fleur de lotus et d'un œuf.

Dans le temple (voy. n° 2) sur l'une des faces du piédestal de la statue on voit sous la gargouille qui servait à l'écoulement de l'eau sainte, une sorte de cuvette rectangulaire : des rigoles tracées dans la pierre communiquent avec cette cuvette et contournent la base du piédestal. Elles étaient évidemment creusées pour conduire les eaux de ce côté et pour les faire disparaître dans le puits. Cette cérémonie d'arrosage des statues des dieux et des lingams était habituelle dans le culte brahmanique, elle se pratique encore dans tous les temples de l'Inde méridionale. Au lieu d'eau, c'est aussi parfois quelques gouttes d'huile que les fidèles versent. Les conduits pouvaient aussi servir à l'écoulement de l'eau que les prêtres répandaient sur les dalles du sanctuaire pour laver le sang des victimes qu'ils venaient de sacrifier à la divinité ; animaux domestiques tels que chèvres, ou volatiles divers.

Le puits de ce temple renfermait sous une dalle de pierre, un vase de terre cuite rempli de cendres et de terre mêlée à du charbon de bois avec de menus objets d'or analogues à ceux qu'on découvrait dans le temple de Siva (voy. le plan en S).

Dans celui de Brahma (n° 1), des rigoles creusées dans la pierre pour l'écoulement des eaux communiquaient par des conduits au puits lui-même. Le puits cachait quelques débris de vases de terre cuite, des morceaux de verroteries

diverses et des piécettes de cuivre. Celui qui recouvre la statue de Nundi (voy.
n° 3) renfermait une grande quantité de cendres, des débris de poteries et un vase
resté sans fermeture.

Dans le pays on a déterré des vases funéraires semblables à ceux de Tjandi
Loro Djonggrang ; on en voit dans la collection de la Société batavienne. Ils renfermaient les cendres de cadavres brûlés. Cet usage de crémation des morts a
toujours existé chez les adorateurs de Brahma et bien avant le Bouddhisme.

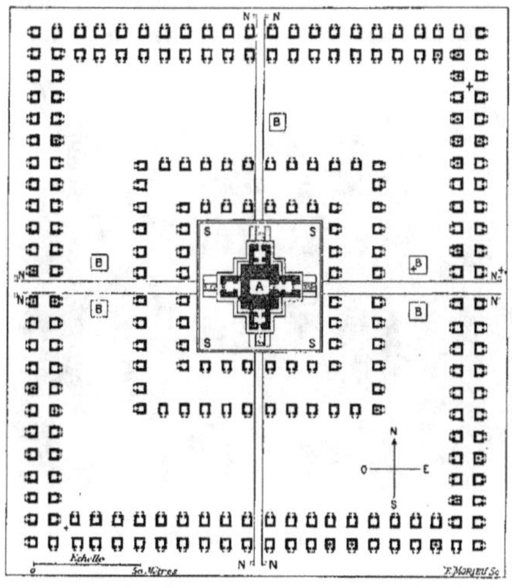

Plan d'ensemble de Tjandi Sewoe ou les mille temples (Java).
(Relevé sur place.)

Après toutes ces recherches conduites par les archéologues connaissant le pays, il est certain que les temples de Pram-banam constituaient une nécro-pole qui sans doute a été abandonnée à la suite de catas-trophes dues aux tremblements de terre.

Les plus grands temples, celui qui était voué à Siva devait servir de tombeau aux rois de
Mataram, celui de Brahma pou-vait être réservé aux grands prêtres et celui de Vishnou
était destiné aux princes du sang royal. Les sanctuaires de la deuxième enceinte élevés sur
trois rangs resserrés servaient peut-être de tombes aux notables ou riches du pays.

Lorsqu'on quitte les enceintes des temples de Tjandi Loro Djonggrang, si l'on se
dirige vers le nord, on ne tarde pas à trouver quelques ruines moins importantes
que je n'ai pas visitées ; ce sont celles de Tjandi Lœmbang qui précèdent *les mille
temples* ou Tjandi Sewœ.

L'origine de Tjandi Sewœ construits sur une vaste plaine date, dit-on, de
l'an 1098 de notre ère. C'est d'ailleurs l'opinion de M. J. Fergusson, l'archéologue
bien connu, et de Sir Stamford Raffles, gouverneur de Java pendant la très courte
période de l'occupation anglaise, l'auteur d'un intéressant ouvrage sur les ruines
de ce pays. Tjandi Sewœ se compose d'un grand sanctuaire central accompagné de

trois salles sacrées. Quatre rangs de petits temples isolés les uns des autres forment un cadre autour de lui (voy. plan, page 134). L'ensemble de Tjandi Sewœ est encore facile à saisir actuellement, quoiqu'il ne reste souvent que quelques assises des fondations des petits sanctuaires. Bien peu sont restés presque en entier. J'ai relevé les emplacements de chacun d'eux, leurs vestiges étant visibles sur le sol; le plan montre ainsi la disposition complète de ce que pouvait être Tjandi Sewœ.

On pénétrait dans l'intérieur des salles du grand sanctuaire autrefois, mais depuis l'année 1867 à la suite d'un tremblement de terre, les voûtes en s'écroulant ont fermé toutes les issues.

Le plan du temple central forme une croix mieux accentuée que celle de Prambanam. Il y avait cinq salles où l'on montait par de nombreux degrés (voy. plan, page 134). La salle centrale (voy. en A), la plus importante, renfermait la statue de Bouddha, mais elle a disparu, volée, dit-on, avec un grand nombre d'autres avant l'année 1806. Sur les murs extérieurs restés encore debout on voit de nombreuses sculp-

VUE PARTIELLE DE TJANDI SEWOE OU LES MILLE TEMPLES.
(D'après une photographie de M. Eysseric.)

tures artistement composées qui ne le cèdent en rien à celles de Prambanam ou de Bouro-Boudor. La gravure faite d'après une photographie prise par M. Eysseric, mon compagnon d'excursion, montre en premier plan, deux petits édicules de Tjandi Sewœ avec les ruines du grand sanctuaire (côté Est) qu'on aperçoit dans l'éloignement. Le temple était entouré d'une plate-forme dallée sur laquelle on parvenait par quatre larges perrons de pierre. Dans le prolongement de chacun des grands axes, orientés aux quatre points cardinaux, un large chemin conduisait jusqu'aux entrées gardées par des statues colossales, les Dieux qui veillaient sur le saint lieu (voy. en N). Un petit mur d'enceinte carré séparait le temple principal (voyez en S sur le plan, page 134) des autres petits sanctuaires qui l'entouraient. Ces temples secondaires forment d'abord deux rangs bien distincts dont le plan général garde la forme carrée. Chacun d'eux est carré également et leur porte d'entrée est

toujours dirigée vers le côté extérieur. Plus loin les deux autres rangées de petits
sanctuaires sont resserrés les uns contre les autres ; leur plan général est disposé
en rectangle tandis que chacun d'eux est carré. Les portes d'entrée sont orientées
intérieurement dans un sens et extérieurement dans l'autre. Les emplacements
marqués en B indiquent des plates-formes dallées qui peut-être supportaient des
pavillons en bois aujourd'hui disparus, et qui pouvaient servir de demeure
aux prêtres gardiens du lieu sacré.

Les deux premières rangées se composaient 1° de 28 temples, 2° de 44. Le
nombre de ceux des rangées dont le plan
est rectangulaire est en tout de 168. Il y
avait donc 240 petits temples. On voit
que le nom de *les mille temples* donné
à Tjandi Sewœ est fort exagéré.

Tous ces petits sanctuaires, d'après
le peu qu'il en reste, devaient certainement être semblables entre eux au moins
dans leur ensemble, les détails diffé-
raient sans doute. Ceux des premiers
rangs extérieurs étaient moins hauts que
ceux des deux rangées intérieures qui
entouraient le sanctuaire central et celui-
ci les dépassait tous par ses proportions
et la richesse de ses ornements sculptés.

Un Dieu gardien de Tjandi Sewœ, ou les mille
temples.
(D'après une photographie.)

Dans chacun des 240 temples secondaires résidait autrefois une statue de
Bouddha assise à l'orientale. Presque
toutes ont été enlevées, comme nous l'avons dit, il en reste cependant encore
quelques-unes gisant à terre où à la place même qu'elles occupaient, la plupart
sont mutilées. Il en reste encore 32. On remarque entre autres celles qui ressemblent aux statues de Bouro-Boudor, ce sont les Dhyanis Bouddhas. La place
où ils se trouvent est marquée par une petite croix (voy. plan, page 134).

Les Dieux gardiens ont été respectés, sans doute à cause de leur grandeur, il
n'est pas aisé en effet de les déplacer. Les tremblements de terre n'ont pu réussir
à les détruire. Leur aspect est étrange avec leurs yeux hors la tête et leurs
grosses moustaches. Ils sont presque nus, leur corps montre un embonpoint
fort accentué. Voici l'aspect de l'un deux. Le bras droit portait une massue

aujourd'hui brisée et le gauche serrait le corps délié d'un naga. Ce Dieu gardien ayant un genou à terre, portait en bandoulière un autre naga dont la tête s'appuie légèrement sur l'épaule gauche.

On voit qu'à Java, de même que dans le Cambodge, en Chine et au Japon, l'usage d'avoir des Dieux gardiens de temple a toujours existé. Aux Indes ils se nommaient des Dwarapalas, au Cambodge ce sont des Phis, au Japon ils deviennent des Ni-os, ce sont aussi des géants aux formes épaisses armés d'une massue.

Notre visite aux mille temples marquait, pour mes compagnons et moi, notre dernière excursion archéologique à Java.

Le chemin de fer nous portait à Solo ou Sourakarta, un séjour enchanteur par excellence. Je parlais des avenues de Batavia et des allées ombreuses de Djogdjakarta, ici ce sont des arbres séculaires qui bordent les avenues, leur voûte de feuillage sombre ne laissent plus passer le moindre rayon de soleil et donnent la sensation mystérieuse des plus épaisses forêts. Solo est encore aujourd'hui la grande ville pour les Javanais, c'est elle qui sert de demeure à l'empereur et à l'impératrice de Java, les descendants des anciens rois de Mataram, l'antique cité sainte d'origine. Leur palais occupe dans la ville une grande surface, les cours d'honneur et les jardins sont nombreux ainsi que les bâtiments qui servent de logis aux gardes et aux serviteurs, mais tout dénote une profonde décadence, le grand luxe d'autrefois n'y apparaît plus. La Hollande protège les anciens rois de Java, mais ceux-ci ne peuvent plus commettre les abus qu'ils se permettaient dans les anciens temps. Dans certains quartiers règne un grand mouvement commercial, très pittoresque et fort curieux. Le bazar, avec ses innombrables magasins remplis d'objets intéressants inédits pour les Européens paraît charmant. On y remarque de jolis bijoux parmi lesquels brillent les longues broches délicatement ciselées et rehaussées de topazes blanches que les dames mettent à leur corsage, des boucles de ceinture damasquinées (voy. page 124) pour les hommes et autres objets, le marché aux fruits, aux légumes et de la vannerie sont intéressants, celui des sarrongs, placé sous des arbres séculaires, est surtout remarquable. Les étoffes artistement drapées par chaque marchand forment une exposition étonnante. Le spectacle est encore embelli par les visiteurs vêtus à la mode du pays, qui, désireux d'acquérir un nouveau sarrong, viennent à tous moments en discuter le prix. Ces scènes seraient, pour un peintre, le sujet d'un merveilleux tableau. Lorsqu'on quitte Solo, le chemin de fer vous mène à Soubaraja, le port le plus important de l'île, après celui de Batavia. Cette dernière ville ne contient que près de 110 000 habitants, Soubaraja en possède environ 140 000. Elle a la réputation

d'être moins saine. Les Européens qui y sont installés risquent, dit-on, d'être plus
souvent atteints par des accès de fièvre. Soubaraja est, de même que Solo, très
intéressant à visiter. La situation de son port, abrité par l'île de Madura, est
admirable et le mouvement commercial y est très important. Une courte excursion
à Singosari située non loin de Soubaraja nous a charmé. On arrive en chemin de
fer jusqu'à Lawang; une voiture vous conduit ensuite aux ruines qui se composent
d'un antique sanctuaire orné de nombreuses sculptures. J'ai dessiné le motif placé
au-dessus d'une des portes d'entrée (1^m,20 de largeur environ) de Singosari, c'est
un mascaron fantastique très singulier (voy. le cul-de-lampe ci-dessous). On
remarque non loin de ce sanctuaire une belle statue de Gonesh et celles de quelques autres Divinités. Nous ne pouvions séjourner longtemps à Sourabaja, étant
engagés par la date prochaine du départ des bateaux. C'était aussi notre dernier
point de réunion, mes deux compagnons MM. Esseyric et Guérin devaient me faire
leurs adieux, se dirigeant vers le Cambodge, tandis que moi je revenais avec mon
jeune interprète à Batavia. Le voyage par mer dure trois jours; il est vrai que
nous fûmes forcés de rester près de vingt-quatre heures devant Samarang, sans y
aborder. Le temps semblait d'autant plus long, qu'une pluie et un brouillard ter-
ribles nous cachaient entièrement les côtes. Rentré à Batavia, je ne tardai pas à
songer à partir pour gagner les côtes australiennes.

RUINES DE BOURO-BOUDOR (Java)

Terrasse circulaire (huitième étage) avec ses Dagobas ajourés et la vue du volcan le Sœmbing.

D'après nature. (page 122)

CHAPITRE XI

UL touriste, après un voyage de près de quatorze mois,
ne pourrait se soustraire au désir de rentrer dans sa
patrie. Si sa curiosité est loin d'être encore satisfaite,
il n'éprouve pas moins une certaine lassitude. Je désirais d'abord continuer mon voyage en allant visiter la
Nouvelle-Zélande, mais je renonçai bientôt à ce projet.
Je serais arrivé en ce pays vers le mois de juillet,
époque de la saison d'hiver et les grandes excursions
dans les montagnes n'auraient pu être exécutées. Une
rapide traversée de l'Australie me semblait assez attrayante, c'était aussi un
chemin de retour, le plus long il est vrai, mais certes le plus intéressant pour
revenir en France.

Je quitte Batavia en prenant un bateau anglais, l'*India,* qui fait le service de
Glasgow à Brisbane, la capitale australienne du Queensland. Je ne tarde pas à

faire connaissance avec les passagers et les quelques jeunes dames qui se trouvaient à bord. Elles avaient déjà passé quarante-huit jours en mer depuis leur départ d'Écosse et désiraient séjourner six semaines en Australie pour faire des visites à quelques amies. Je ne pouvais m'empêcher de penser que jamais aucune Française ne serait capable de faire, dans les mêmes conditions, un pareil voyage. Les ladies écossaises, au contraire, semblaient trouver leur projet fort ordinaire et des plus naturel.

Nous longeons les côtes pour faire une courte escale à Soubaraya où j'avais déjà passé quelques jours auparavant. Le temps est magnifique, aussi nous pouvons jouir du dernier grand point de vue que nous aurons de la terre javanaise, c'est le Bromo (Brahma), le splendide volcan en activité s'élevant à environ 2000 mètres d'altitude et qui domine toute la baie. Le parcours de notre voyage est souvent intéressant ; près de l'île Timor on côtoie les jolies îles de Baba, toutes couvertes de verdure, puis nous rentrons dans l'immensité de l'horizon, en traversant la mer d'Arafura. La chaleur est grande à bord, mais les passagères veulent se distraire ; aussi tous les soirs, sur le pont, elles organisaient un bal : nous dansions grâce à une mer calme comme peuvent l'être les eaux d'un lac, au clair du croissant de la lune et des étoiles. Chacun de nous jouant à tour de rôle des valses et autres danses au piano.

Le dixième jour de notre voyage marquait notre principale escale, nous sommes dans le détroit de Torrès ; on s'arrête vingt-quatre heures à Thursday-Island (île Jeudi). C'est un curieux coin de terre. L'île n'a pas trois milles dans toute sa longueur et peut-être a-t-elle seulement un mille et demi en largeur. Elle est couverte d'une verdure maigre et tous ses arbres sont peu développés. L'agrément de cette terre lointaine consiste surtout dans l'abondance de ses points de vue, donnant sur les nombreuses petites îles qui l'entourent, autant de silhouettes vertes émergeant de la mer. Thursday-Island est habitée par cinq ou six cents Européens à peine, les indigènes y sont fort occupés par la pêche aux perles fines et à celle de la nacre. En comptant le nombre des habitants des petits îlots environnants, qui portent chacun le nom d'un des jours de la semaine, on arriverait au chiffre d'environ 2000 habitants pour tout le groupe formé par l'archipel.

Nous abordions à Thursday le jour de la Saint-Patrick : la Société des Riflemens de l'endroit donnait un grand bal. Prévenue d'avance de la venue de l'*India*, elle envoie gracieusement à ses passagers une invitation pour assister à leur fête. Nous sommes tous heureux de ce plaisir inattendu, et nos gracieuses voyageuses préparent aussitôt leurs belles toilettes. Le bal était simple, bien entendu, dans un endroit si éloigné, mais le bon accueil remplaçait le reste. La salle, entourée d'une véranda ornée de drapeaux et de lanternes vénitiennes, avait cependant un charmant aspect: un piano formait tout l'orchestre. Un souper était servi sous une tente. La gaîté, l'entrain général étaient remarquables, la fête s'est prolongée jusqu'à quatre heures du matin. Il fallait enfin regagner notre navire qui partait à six heures, mais nous ne nous attendions guère à nos prochains malheurs. A peine étions-nous sortis du bal, afin de regagner les petites barques qui devaient nous conduire sur l'*India*, qu'une pluie torrentielle, comme on en voit seulement sous les tropiques, commence à tomber. Il fallait plus d'une heure pour gagner notre navire et nous ne pouvions nous abriter d'aucune façon. Nos pauvres ladies en robe de bal ne rient plus, mais elles acceptent courageusement leur disgrâce et nous arrivons enfin à bord presque noyés sous la pluie.

Notre troisième escale est Townsville. On ne nous permet pas de descendre à terre, l'arrêt étant seul réservé pour le débarquement des marchandises. Nous sommes ici sur les véritables côtes australiennes. La *Grande Barrière*, formée d'immenses bancs de corails et de récifs, nous sépare de l'Océan. Autrefois les voyages étaient toujours dangereux dans ces parages, on ne naviguait que pendant le jour et on cite de nombreux naufrages. Actuellement les passages sont mieux connus et ces mers sont moins à craindre. L'*India* continue sa route à travers les récifs et s'arrête encore une fois près de *Great Sandy Island* (Grande île de Sable) en vue d'un lieu qu'on nomme les *White Cliffs* (Blanches Falaises). Comme on s'arrête pendant vingt-quatre heures, le capitaine et le docteur espéraient en descendant à terre pouvoir tuer des kangourous dans la forêt d'eucalyptus qui borde la côte, mais ils n'ont pu avoir que deux perroquets. Cet endroit est d'ailleurs fort peu habité; il y a trois maisons seulement qui abritent un poste télégraphique et le gardien des feux pour la nuit. Au bord de la mer vivent misérablement deux ou trois familles de sauvages australiens. Ceux-ci nous intéressaient vivement, aussi, en leur distribuant du tabac, quelques pièces d'argent et des cigares, sont-ils devenus nos amis. L'un d'eux nous a lancé plusieurs fois le fameux boomerang avec une habileté, une dextérité étonnantes. Les femmes sont peu agréables à voir, mais les quelques enfants qui étaient là ont une heureuse physionomie. Quelle affreuse misère pour ces pauvres gens qui savent à peine se construire un abri! Ils se contentent de trois gros morceaux d'écorce d'eucalyptus, qu'ils disposent comme nous le faisons pour construire un château de cartes. C'est leur tente; elle abrite seulement le haut du corps, les jambes restent au dehors, exposées aussi bien au soleil que sous les pluies diluviennes. Autour du campement ils font une sorte de clôture faite de branches de pin. Ils n'ont ni vaisselle ni meuble d'aucune sorte, autre que quelques boîtes de fer-blanc abandonnées sur le rivage par des Européens. Leurs vêtements sont en haillons, les enfants sont nus. Le matin il était tombé des torrents d'eau, une fraîcheur relative se faisait sentir, de sorte que ces malheureux sauvages grelottaient de tous leurs membres en se tenant serrés les uns contre les autres, ayant autour d'eux quelques chiens maigres qui faisaient partie de la famille. De retour à bord pour notre déjeuner, nous avons eu le plaisir d'une pêche au requin. Les matelots ont pu en avoir deux, des jeunes, malheureusement, qui n'avaient pas moins cependant de $2^m,80$ de longueur. Pour les hisser sur le pont, c'est un véritable travail, car ces monstres pèsent lourd et ils font des sauts et des mouvements si accentués dans la mer qu'on a toujours peur de voir le harpon ou la corde qui le retient, se briser. Enfin nous les tenions et le docteur a voulu aussitôt les disséquer devant nous. Il a distribué aux voyageurs les nombreuses dents de ces requins en souvenir de son intéressante et très pittoresque leçon d'anatomie. Le lendemain de cet arrêt aux *White Cliffs*, nous arrivions à Brisbane. La marée est basse, aussi nous ne pouvons arriver qu'à l'embouchure de la rivière, où un petit vapeur vient nous prendre tous, avec nos bagages. Jusqu'à la ville, c'est une agréable promenade ; des deux côtés du rivage on ne voit que de coquettes villas qui toutes possèdent un petit port d'embarquement pour faire du canotage. Le paysage devient de plus en plus riant d'aspect, ce sont des coteaux verdoyants très jolis à contempler, nous voici enfin dans la ville.

Brisbane est une grande ville qui possède 80 000 habitants, sa situation est bien choisie et elle est aussi assez curieuse à visiter. Sa ressemblance est grande avec une ville quelconque des États-Unis, mais pour le touriste il n'a qu'une chose à faire, c'est d'y rester peu de temps. Il y a cependant plusieurs choses intéressantes à voir : le musée de géologie, qui nous donne un aperçu des richesses du pays par ses beaux échantillons de toutes sortes. Il possède aussi une belle collection de fossiles du Queensland et de nombreuses photographies parmi lesquelles on remarque celles qui représentent les grottes de stalactites célèbres de Chillogœ, situées dans le district de l'Heberton. Le Jardin botanique vaut aussi une visite. La grande promenade des environs est celle de la Montagne Blanche (*Whit's Hill*) en passant par le faubourg de Woolloongabba. L'excursion est peu agréable tout d'abord ; de ce côté hors la ville, les habitants ont tellement détruit les arbres et tant défriché qu'il n'y a d'ombre nul part. Les petites villas construites en bois sont peu attrayantes, étant toutes placées sur un terrain dénudé à peine orné de rares parterres de fleurs. Voici les bois, mais les plus beaux arbres ont été coupés et

gisent souvent abandonnés sur le sol, d'autres sont brûlés. On ne s'explique guère
ce goût de destruction dans un lieu qui sert de promenade pour la ville. Ma voiture
monte et descend de nombreux monticules boisés, du haut desquels je peux jouir
du vaste panorama de Brisbane, des montagnes éloignées et de la mer. Je m'arrête
au sommet de Whit's Hill, heureux de voir enfin un beau spectacle. Il y a une sorte
de restaurant, le rendez-vous des familles. Je demande un verre de bière. « Cela
est défendu, me dit le patron, si vous vouliez de la bière ou du vin il fallait l'apporter

TROUPE DE BESTIAUX DE LA PROVINCE DE QUEENSLAND SE RENDANT A LA NOUVELLE-GALLES DU SUD POUR ÊTRE VENDUE.
(AUSTRALIE.)
(D'après une photographie.)

vous-même, je ne puis vous en donner, cela m'est défendu par les lois de la Société
de tempérance. Nous n'avons ici que du thé, du lait ou de la limonade. » Devant
pareille réponse, il fallait s'incliner; je voyais à mes dépens que les Australiens
sont exagérés et ennuyeux dans leur genre, presque à l'égal de l'Américain des
États-Unis. Celui-ci, plus expérimenté que je ne l'étais, sait mieux se tirer d'affaire
car il voyage le plus souvent avec une sacoche, garnie d'une bouteille de whisky
qu'il réserve pour son usage particulier.

Lorsque le voyageur est parvenu sur la terre australienne, il éprouve une certaine déception en contemplant les paysages qui se développent sous ses yeux

pendant de longues heures de pérégrination en chemin de fer. De Brisbane, capitale de *Queensland*, vingt-huit heures en wagon jusqu'à Sydney, dans le *New South Wales*, sauf quelques rares exceptions, le panorama est monotone et peu pittoresque. Ce sont toujours des plaines immenses ou des territoires couverts d'eucalyptus. Ces arbres semblent être les ennemis des Australiens ; on en brûle des régions entières pour que les herbages puissent pousser librement, afin de nourrir les bestiaux. Les élevages ont, il est vrai, pour les Australiens, une importance considérable, et il faut bien que les animaux qui partent de la province de Queensland pour être vendus sur les marchés de la Nouvelle-Galles du Sud ou de Victoria puissent vivre pendant tout le parcours de leur long voyage. Les bestiaux suivent un tracé connu par avance et peuvent faire par jour des étapes assez régulières de onze kilomètres environ. Leur voyage est plus ou moins long, mais il se prolonge quelquefois jusqu'à une distance de 2000 kilomètres et dure dans ce cas près de six mois. L'aspect de ces troupeaux de bestiaux est réellement magnifique (voy. page 143), le paysage devient animé et fort intéressant, mais ce spectacle n'est pas vu fréquemment, et bientôt tout redevient triste et uniforme. Quelques parages seuls font diversion, ce sont ceux de Ardgleen, Temple Court, Murrurundi où l'on a la vue de jolies petites montagnes agrestes et de riantes vallées.

Sydney, capitale de New South Wales, est une ville considérable de près de 112 000 habitants, et très féconde en aperçus pittoresques de la mer. Sa situation est en effet exceptionnelle et lorsque, prenant un bateau, on parcourt les nombreuses petites baies qui viennent l'arroser, Sydney, avec ses maisons en amphithéâtre, semble vraiment un séjour merveilleux. Le port Jackson est un des plus beaux qu'on puisse voir et il offre un charme presque égal à celui de San Francisco aux États-Unis. Sydney, d'ailleurs, a quelques points de ressemblance avec cette ville ; ses rues, ses importantes maisons construites à grands frais, mais dont l'architecture est d'un goût tourmenté et plus que bizarre, semblent être les mêmes ; les hôtels confortables des voyageurs, les salles de théâtre, les bars, tout ici est également américain.

Les rues de Sydney sont sillonnées de chemins de fer et de tramways, et pour la somme de 20 centimes on peut les parcourir d'une extrémité à l'autre. Les voitures, bondées de monde, montent et descendent les collines nombreuses, et partout on jouit d'agréables points de vue des baies. On ne saurait reprocher à Sydney, première ville fondée, il y a cent ans en Australie, de ne pas avoir de monuments véritablement curieux. Les Australiens ne peuvent vous montrer en effet que des choses modernes, mais on voit qu'ils font des efforts

pour que leur capitale soit intéressante. Le Jardin botanique sert en même temps
de parc d'agrément ; il est placé d'un côté sur l'une des rives de la baie Woolloo-
mooloo, de l'autre sur les bords de l'anse de la ferme (Farm Cove). Les arbres de
toutes essences sont déjà remarquables, un groupe de *Araucaria excelsa*, entre
autres, placé presque au centre des jardins, est admirable. Ces araucarias ont été
plantés, dit-on, en 1818. Les fleurs disposées en parterre ou par sections comme
dans tous les jardins scientifiques, embellissent ce charmant lieu de promenade.
Le musée d'histoire et de géologie semble assez complet pour les choses qui con-
cernent le pays ; il est des plus instructifs pour le voyageur. On y voit une collection remarquable d'oiseaux, de mammifères, de reptiles et de curieux minéraux.
Les Australiens ont voulu posséder un musée des beaux-arts qui est déjà orné de
quelques toiles intéressantes et de belles aquarelles d'artistes anglais, représentant les vues remarquables du pays.

A Sydney, on est heureux d'apprendre que des localités vraiment pittoresques
sont à visiter aux environs ; ce sont les montagnes Bleues, sur lesquelles on parvient
en quatre heures de chemin de fer. Elles passent pour être une des plus grandes
curiosités de la province australienne de New South Wales et sont considérées
dans le pays à l'égal d'une nouvelle Suisse ou des Pyrénées. Elles ne sauraient
être comparées à ces superbes montagnes d'Europe, mais elles possèdent de véritables merveilles géologiques, qui peuvent compter parmi les plus célèbres du
monde entier. Ce sont les *Jenolan caves*, grottes toutes remplies de stalactites, et
découvertes en 1841 lors des recherches que fit M. James Whalan avec ses policiers
à cheval, pour surprendre Ewan, le célèbre brigand (*bushranger*) qui désolait le
pays. Ces grottes restèrent presque ignorées du public jusqu'en 1868, époque où
le gouvernement de New South Wales constitua les montagnes Bleues en domaine
public. On chargea M. Jeremiah Wilson, géologue déjà connu par ses travaux
remarquables, de l'arrangement des grottes, et il en fut nommé le conservateur.

Les roches calcaires qui composent les montagnes de cette région sont riches
en coquilles fossiles. Elles contiennent aussi de l'or, de l'argent et du plomb.

Les grottes et les *Blue Mountains* excitèrent bientôt la curiosité générale ; leur
réputation grandit chaque jour. Actuellement tous les points pittoresques, auprès
desquels on trouve des hôtels confortables, sont parcourus pendant la saison d'été
par les touristes australiens. Ils viennent herboriser et récolter les magnifiques
fougères qui abondent dans le fond des gorges étroites. Les familles passent des
journées entières en ces lieux, dignes séjours des fées, et se réunissent pour former
de joyeux pique-niques. Elles trouvent même, pour réaliser leurs désirs, dans les

endroits les plus beaux près de jolies cascades, des bancs et des tables, même une
rôtissoire primitive, installée au bon endroit dans les rochers par les guides
assermentés des montagnes Bleues. Le poulet ou le morceau de viande sont bientôt
cuits par les soins des jeunes gens qui vont chercher des branches mortes dans
la forêt, en faisant sauter devant eux des kangourous. Ces gracieux animaux sont
respectés dans cette région, où des lois sévères les protègent. J'en ai vu souvent
dans mes excursions, ils se sauvent à peine à votre approche et vous regardent

KANGOUROU DES GROTTES DE JENOLAN (MONTAGNES BLEUES)
(AUSTRALIE).

d'un air doux et langoureux comme font
les biches et chevreuils de nos forêts.
Il semble qu'on va pouvoir les caresser tant ils sont peu farouches. Les
paysages les plus renommés des montagnes Bleues sont près de Blackheath;
la grande chute de Covett's leap, qui,
tombant d'une haute muraille de près de
160 mètres, va se perdre dans une jolie
vallée enfermée par de beaux rochers
verticaux, les magnifiques cascades de
Wentworth formant des étages différents,
celles de Katoomba et enfin les environs
du Mont Victoria, peuvent compter parmi
les points les plus remarquables de cette
jolie contrée. Les cimes les plus hautes
des montagnes Bleues sont à environ
1200 mètres au-dessus du niveau de la
mer; elles forment une sorte de plateau
d'aspect monotone. Sillonnées de tous côtés par des précipices et de hautes murailles, elles semblent surgir du fond des vallées étroites ou des gorges profondes
dont les aperçus sont très pittoresques. Les roches des cimes, souvent formées
de bancs de grès comme au Mont Victoria par exemple, sont couvertes d'eucalyptus peu développés, au feuillage désolé, tandis que le fond des ravins est caché
sous la végétation luxuriante des grandes fougères arborescentes, et de beaux
arbres dont les racines, baignées par de frais ruisseaux, vont se perdre sous les
mousses.

Les grottes de Jenolan se trouvent non loin de la petite ville nouvelle de
Katoomba, située à 1018 mètres d'altitude, à 66 milles de Sydney. Les parties

jusqu'à présent explorées sous la montagne varient entre 182 et 365 mètres environ, dans le sens presque horizontal. En profondeur on est allé jusqu'à près de 280 mètres. Dans les grottes souterraines, la température ne change guère malgré les saisons de l'année; elle ne descend pas au-dessous de 10 degrés centésimaux et ne s'élève pas au delà de 18 degrés. Les grottes de Lucas seules, découvertes en 1860, sont un peu plus chaudes par suite de l'absence de courants d'air et peut-être aussi à cause de l'influence du petit ruisseau souterrain qui s'y trouve. Elles possèdent d'ailleurs une stalagmite intéressante de plus de 9 mètres de circonférence. Une de leurs salles, la *Cathédrale*, a près de 50 mètres de hauteur. Les plus curieuses d'entre toutes ces grottes sont surtout celles que l'on peut contempler à la lumière du jour. Il y en a deux, qui sont vraiment d'une beauté remarquable. La première, la *Grande Arche* (*Arch Cave*), dont le sol est à 745 mètres au-dessus du niveau de la mer, est une sorte d'immense tunnel au travers duquel s'écoule un joli ruisseau nommé *Camp Creek*. Autrefois, avant l'installation des hôtels, les voyageurs s'arrêtaient dans cette grotte pour passer les nuits. Ils y trouvaient un abri.

La longueur de la caverne est de 136 mètres. Sa hauteur varie entre 12 et 15 mètres, sa largeur est de 10 mètres environ pour les arcades naturelles d'entrée et de sortie; elle atteint 54 mètres entre les parois intérieures.

La voûte est tapissée de stalactites en forme de longues draperies, dont les enroulements remarquables sont surtout situés près de l'arcade de sortie.

En remontant le petit ruisseau (Camp Creek), on se trouve de nouveau à la lumière du jour, au milieu d'un étroit vallon délicieusement agreste. C'est dans ce lieu qu'un hôtel, joli chalet pouvant contenir environ cinquante voyageurs, a été établi par les soins du gouvernement.

La Grande Arche sert en quelque sorte de vestibule à l'*Imperial Cave*, à laquelle on parvient par des escaliers de bois, qui s'élèvent à la hauteur de 13 mètres environ au-dessus du sol. Intérieurement et placée à droite de l'entrée de *Arch Cave*, une ouverture, faite naturellement dans la paroi de la voûte, sert d'entrée à cette caverne impériale, qui se divise en deux branches. La première a été découverte en 1879, celle de gauche en 1880 et 1884.

Pour visiter ces grottes, on remet à chaque visiteur un chandelier confortable, et les guides portent des lanternes munies de fil de magnésium constamment déroulé par un petit mouvement d'horlogerie.

Depuis quelques années, il y a un nouveau progrès; parmi ces grottes, que le visiteur parcourt en toute sécurité, beaucoup sont éclairées actuellement à la

lumière électrique. Ce travail a été difficile et long, on le continue graduellement
de jour en jour, mais le résultat en est déjà merveilleux. Les stalactites d'albâtre
conservées dans toute leur éblouissante pureté et d'une délicatesse incomparable,
apparaissent aux yeux d'une façon véritablement féerique. C'est ainsi qu'il est
permis d'explorer les grottes nommées la Sacristie (*the Westry*), l'Atelier de
l'architecte (*the Architect's Studio*), comprenant trois salles variant de 3 à 4 mètres
de largeur sur 6 à 9 mètres de longueur; la grotte de Lucinda, dont le sol est
couvert de dépôts calcaires formant des bassins en terrasses tout brillants de
cristaux; celle de Lady Carrington, au milieu de laquelle se trouve la curieuse
stalagmite surnommée la Madone, etc.

La deuxième grotte, éclairée par la lumière du jour, est la Remise du Diable
(*the Devil's Coach House*), la merveille de Jenolan. On y pénètre d'abord par le
côté sud, en traversant une grotte basse située non loin de la *Grande Arche*. Les
roches calcaires s'élèvent ensuite tout à coup, portant une voûte dont les parties
les plus hautes atteignent 60 mètres. De longues stalactites, qui ont quelquefois
près de 7 mètres, descendent de la paroi de la voûte et produisent des effets
fantastiques. Une arcade colossale montant à toute hauteur, sert de sortie à la
Remise du Diable; sa plus grande largeur atteint environ 30 mètres.

Au-dessus de l'entrée, vers la partie sud, la voûte de cette grotte colossale est
percée de deux ouvertures, sortes d'arcades naturelles, où se découpent, sur le
ciel bleu, les fougères, les eucalyptus et les fleurs de la montagne (voy. p. 149).
Intérieurement, du côté sud également, cette caverne extraordinaire possède deux
étages. Le premier est occupé par des grottes éclairées mystérieusement par de
faibles rayons du soleil. La plus remarquable d'entre elles est la Nettle Cave, découverte en 1845, ou Grotte des Orties, ainsi nommée par suite de la présence de ces
plantes, qui poussent à proximité pendant la saison d'été. Situé à près de 25 mètres
de hauteur, on y monte du dehors par une série de marches de pierre.

La grotte des *Colonnes corinthiennes* possède de superbes stalactites jointes à
leurs stalagmites de base, et prend vue sur la *Remise du Diable*, dont les rochers
ont souvent des teintes colorées produites par des dépôts de fer passant au travers
des fissures calcaires de la montagne (voy. p. 150).

On parvient au deuxième étage en gravissant le rocher à l'aide d'échelles
pareilles à celles de l'*Imperial Cave*. On y découvre aussi quelques grottes de
stalactites des plus remarquables. Jenolan possède encore une autre curiosité
qu'on va visiter en montant un étroit sentier qui conduit presque au sommet de
la montagne, lorsqu'on quitte la *Remise du Diable*. Il s'agit d'une arcade naturelle,

Carlotta Arch, qui forme une sorte de pont aérien, reliant entre eux les immenses blocs calcaires contenant, l'un, la *Grande Arche,* l'autre, *the Devil's Coach House.* La voûte de ce pont est remplie de belles stalactites, au travers des délicates branches desquelles on voit passer les nuages. Elle s'élève à une hauteur de près de 92 mètres, la base de *Carlotta Arch* étant elle-même à 150 mètres du sol du petit sentier qui conduit dans l'intérieur de la Grande Arche.

Nous ne pouvons énumérer ici toutes les grottes de la région de Jenolan; on en cite encore un certain nombre qui, situées assez loin aux environs, sont plus rarement visitées. La Grotte du Français, *the Frenchman's Cave,* découverte en 1878 par un de nos compatriotes; la Grotte Gigantesque ou *the Mammoth Cave,* située à deux milles et demi au nord de la Remise du Diable; enfin la *New Cave* ou Grotte Nouvelle, découverte seulement depuis le mois de juin 1888, montrent bien l'étendue de ces formations souterraines. La *New Cave* est particulièrement intéressante par la beauté de ses stalactites, les nombreux détours et les ramifications étrangement capricieuses qui

La Remise du diable (Devil's coach house), grottes de Jenolan (Australie).
(D'après nature.)

la composent. Son accès reste assez difficile, les quelques travaux nécessaires n'ayant pu être encore exécutés.

Ces grottes calcaires, dont le nombre augmente chaque année par suite des explorations assidues faites par les guides assermentés qui ne songent qu'à les découvrir, se perdent dans la montagne jusqu'à une grande distance. On en a trouvé depuis Mudgee jusqu'aux monts Goulburn, où se trouvent les grottes de

Wombeyan. La distance entre ces deux localités est de 180 milles. Quelques géologues du pays prétendent que toutes ces formations calcaires doivent être réunies entre elles par des couloirs ou des fissures souterraines. Jusqu'à présent les recherches exécutées n'ont pas démontré ce fait espéré. Il faut donc, sur cette question, rester dans le doute ; les touristes ont d'ailleurs de suffisants sujets d'étude, lorsqu'ils vont visiter les grottes merveilleuses de Jenolan.

Dans les forêts d'eucalyptus voisines des grottes, on trouve aussi, outre les

Nettle Cave (Grotte des Orties) et les Colonnes corinthiennes, grottes de Jenolan (Australie).
(D'après nature.)

kangourous, des chèvres sauvages et de nombreux petits mammifères particuliers au pays. Ce sont les koalas cendrés (ours d'Australie ou *native bear*) (voy. p. 151), qui ne vivent que dans les hautes branches des arbres et ne s'occupent que d'en manger les feuilles et les graines. Munis de griffes assez recourbées, formant comme des crochets, ils grimpent aisément et se tiennent fort bien en équilibre. Ces animaux, d'ailleurs très inoffensifs, ont le malheur de posséder une épaisse fourrure de couleur gris argenté, que les Australiens aiment à utiliser pour faire de belles couvertures de voiture. A l'hôtel de Jenolan où je me trouvais, je fis connaissance avec un chasseur fort amateur de ces ours australiens, et je ne pus résister à son invitation

de le suivre toute une matinée pour l'aider dans sa chasse. La difficulté est de
trouver ces animaux ; leur couleur se confond aisément avec celles des branches
d'eucalyptus, et comme leur corps n'est pas beaucoup plus gros que celui d'un
petit mouton, il faut de bons yeux pour le découvrir au travers du feuillage. J'en
aperçus plusieurs que mon compagnon ne voyait pas. Le koala est lourd et sa
démarche est lente sur les hautes branches, aussi n'est-il pas nécessaire d'être
un habile tireur pour le tuer. On a le temps de le viser tranquillement et le
pauvre animal vient tomber mort à vos pieds. Notre chasse fut assez fructueuse,
mon compagnon australien en eut six,
sans compter les nombreux perroquets
au plumage rouge, vert et bleu, qu'il
tuait pour s'amuser. Pour faire une belle
couverture, il faut avoir plus de quinze
ours australiens, c'est un véritable mas-
sacre, aussi ces pauvres animaux ne
tardèront-ils pas à disparaître complètement, tant ils sont à la mode dans le
pays.

De Sydney à Melbourne, capitale de
la province de Victoria, et jusqu'à Adé-
laïde dans le South Australia, le parcours
en chemin de fer est presque toujours de
même aspect : paysage plat et monotone. Melbourne, qui commençait à naître
en 1842, est aujourd'hui une ville qui
prend de jour en jour plus d'importance,

Le Koala cendré ou « Native Bear »
montagnes bleues (Australie).

son commerce y est aussi actif qu'à Sydney et à ce point de vue elle est bien sa rivale,
mais pour le reste on ne saurait la comparer. La province de Victoria y compris
Melbourne contient 490 900 habitants, tandis que le New South Wales avec
Sydney en possède 386 860. Elle est donc plus habitée, cependant sa capitale est
loin d'être aussi agréable et aussi pittoresque que Sydney. Ses rues larges sont
généralement tristes et ennuyeuses à parcourir, sauf cependant la grande avenue
principale (*Bourke street*) où tout le mouvement industriel de la ville se trouve
concentré. La *Collin's street* est la plus renommée pour ses maisons hautes de
six et huit étages, toutes pareilles à des palais surchargés de motifs étranges,
extraordinaires par la richesse des matériaux employés. Leur architecture,

compliquée à l'excès, est d'un style encore innomé. Sur une même façade on peut voir du gothique, de l'architecture romane, de la renaissance italienne ou flamande s'entremêlant d'une façon terrible. Quel art extraordinaire que cet art américain, étudié avec l'exactitude désespérante des architectes australiens! Melbourne, comme Sydney, a su se donner des établissements publics déjà très complets, palais du Parlement, universités, musées et églises monumentales. Elle possède aussi de riches bibliothèques et un bel observatoire, placé au centre de grands jardins vers le côté est de la ville.

Une petite rivière, le Yarra-Yarra dont les eaux sont peu limpides, baigne un des quartiers de Melbourne qui se trouve d'ailleurs assez éloignée de la mer. C'est dans la baie de Hobson ou port de Melbourne, à douze kilomètres de la cité, que les grands paquebots viennent s'arrêter près de Williamstown. Grâce aux tramways électriques, il est permis de parcourir aisément les principaux quartiers de Melbourne qui s'étendent fort avant dans la campagne. C'est ainsi qu'on se rend au bord de la mer (*Ocean beach*). C'est le rendez-vous élégant de la ville, lorsqu'il fait beau temps. On s'y promène, sur une chaussée longue de plus d'un kilomètre, élevée sur la plage de sable pour jouir d'un panorama superbe, et dans la belle saison plusieurs établissements de bains y sont ouverts.

Les habitants de Melbourne ont aussi quelques jolis endroits à visiter aux environs de leur ville, mais ceux-ci ne peuvent être comparés aux Montagnes bleues du *New South Wales*. Ce sont les *Gipp's land lakes* ou lacs de Gipp's land, qui servent surtout aux amateurs de pêche. Les Australiens vont passer leurs vacances dans ces lieux agréables. Après six heures de chemin de fer, on parvient à la station de Sale; un bateau à vapeur vous fait traverser le lac Oméo dans toute sa longueur, puis le lac Victoria; leurs rivages plats sont très monotones d'aspect. Ces lacs sont reliés entre eux par des canaux naturels. On parcourt de même le lac Wellington puis enfin le lac King. Le paysage devient ici plus pittoresque. Notre petit vapeur s'arrête à Cunningham, petit port où le lac King a une sortie sur la mer.

Le panorama de l'Océan et du lac contemplé du haut de la colline boisée de Kalimna (50 mètres d'altitude environ) y est superbe. Il y a de belles forêts dans tous les environs de Cunningham, elles abondent en grands eucalyptus; le fond des ravins est embelli par des fougères arborescentes dont le développement est très remarquable.

Une des plus jolies promenades qu'on puisse faire est celle du lac Tyers d'où l'on jouit en même temps des grandes vues de la mer. Ce lac s'étend fort loin dans les terres, formant de nombreuses baies encadrées par la forêt. Sa sortie vers l'Océan est aujourd'hui de plus en plus encombrée par les sables, qui bientôt achèveront de la fermer complètement. Le lac Tyers deviendra comme ceux d'Omeo et de Victoria, un véritable lac intérieur. Une des curiosités de Tyers est sa petite colonie de sauvages australiens convertis au protestantisme et dirigés par un *Clergyman* anglais, M. Bulmer, qui habite le pays depuis quarante ans. Il avait vingt ans lorsqu'il est venu en Australie. Il a bien voulu me montrer lui-même son église et l'école où filles et garçons travaillent ensemble. Les pauvres indigènes ont chacun leur maisonnette, ils sont une soixantaine environ ; jouissant d'un bien-être relatif, ils semblent avoir oublié complètement leur ancienne vie nomade au milieu des forêts, et paraissent aujourd'hui presque de même que des gens civilisés.

Avant de quitter le pays, je désirais visiter la capitale de l'Australie Sud (South Australia), Adelaïde, qui commence aussi à devenir un grand centre.

C'est aujourd'hui une ville de plus de 45 000 habitants, mais si on compte les faubourgs environnants, il faudrait dire 125 000 âmes pour le moins. Adelaïde, fondée en 1836, a extraordinairement progressé. On voit dans le musée, des vues de la ville faites par des artistes de l'époque, sa transformation est invraisemblable. Les explorateurs célèbres comme Edward John Eyre qui quittait Adelaïde en 1830, le capitaine Sturt en 1844 et John Mac-Dougall Stuart en 1859, pour aller découvrir des régions nouvelles dans l'Australie centrale, au péril de leur vie, ne reconnaîtraient plus la capitale d'aujourd'hui si riche et si riante d'aspect. La rivière Torrens la divise presque en deux parties égales, Nord et Sud, toutes deux entourées par des bois (*Park Land's*) qui sont réservés à perpétuité pour l'agrément des habitants. Le magnifique golfe Saint-Vincent et la chaîne des monts Lofty sont aussi des lieux de promenade ou de grandes excursions féconds en surprises pittoresques de toutes sortes. L'ensemble général d'Adelaïde n'offre cependant rien de particulier, les rues et les monuments récents ressemblent à ceux de Melbourne et de Sydney, sans avoir leur importance. Je ne pouvais séjourner longtemps dans cette ville, le paquebot Français des Messageries maritimes, l'*Australien*, étant signalé à *Largs Bay*, port d'Adelaïde assez éloigné du centre. C'est en chemin de fer qu'il faut s'y rendre. Il vous conduit presque à l'extrémité d'une longue jetée où un petit bateau à vapeur vous transporte à bord du navire.

Le voyage en mer est grand pour regagner la France, c'est la première partie de la traversée qui semble de beaucoup la plus longue. Après une escale de deux heures à Albany, la dernière ville que nous voyons sur les côtes australiennes et que malheureusement nous ne pouvons visiter par suite des ordres de notre capitaine, nous voguons toujours dans l'immensité de l'Océan, sans rencontrer aucune voile. — L'*Australien* continue régulièrement sa route, faisant en moyenne 370 à 380 milles par 24 heures. La quatorzième journée est presque terminée, le soleil couchant est merveilleux, nous voici arrivés aux îles Seychelles à Mahé, que nous ne quitterons que demain avant midi. Rien n'est plus joli d'aspect que Mahé, placé au pied de petites montagnes couvertes de verdure et toute remplie de jardins enchanteurs ornés de belles fleurs tropicales. Dire qu'on voudrait toujours résider à Mahé serait fort exagéré sans doute. Quelques heures de séjour suffisent pour visiter ce petit paradis qui vous laisse un gracieux souvenir. L'existence doit y être monotone au suprême degré et la chaleur amollissante du climat est la cause de l'indolence naturelle qu'on remarque parmi presque tous les habitants. Nous pouvons, avant de regagner notre navire voir toutes choses en détail, de ce délicieux pays, véritable rêve de féerie. La ville minuscule est bientôt parcourue et en gravissant au lever du jour les premières hauteurs qui dominent Mahé nous jouissons du beau panorama de la baie. La deuxième partie de notre voyage semble plus rapide par suite des paysages des côtes que l'on peut contempler quelquefois et des escales fréquentes. Le quatrième jour de notre départ de Mahé, nous sommes en vue des rivages brûlés et déserts de Gardafui, puis voici Aden toujours si étonnant d'aspect, la mer Rouge, le canal de Suez et Port-Saïd. Enfin Marseille, tant désiré après 25 jours de mer.

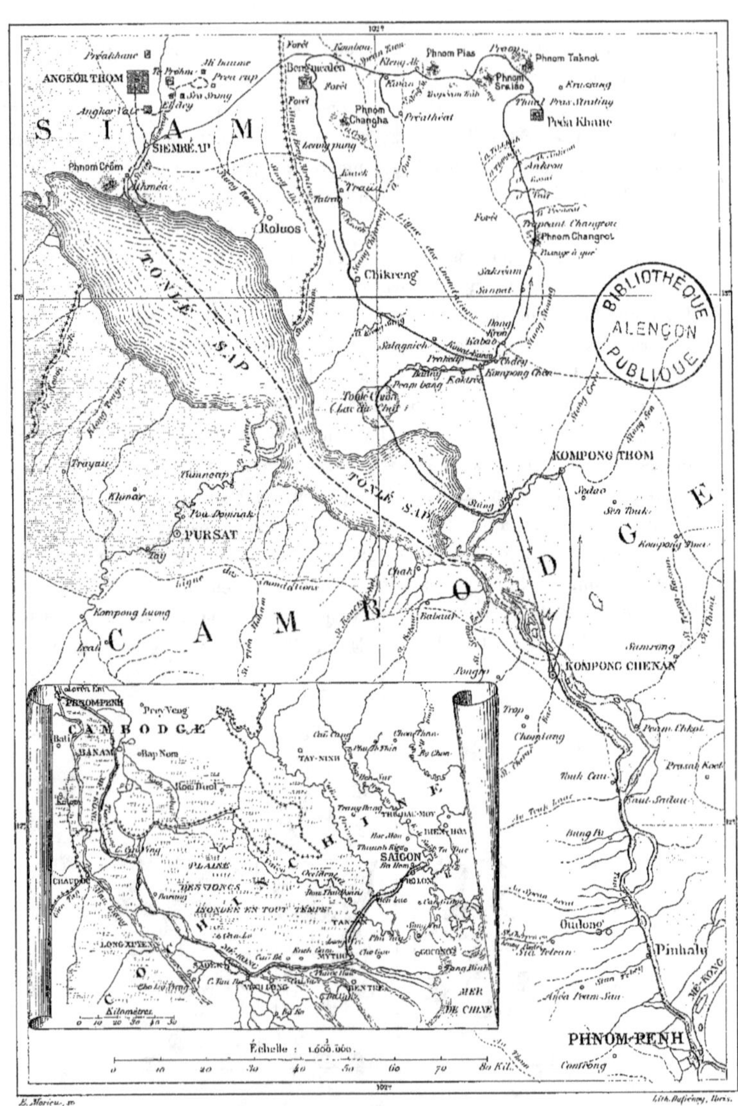

ITINÉRAIRE DE MR ALBERT TISSANDIER AU CAMBODGE
ET AU CAMBODGE SIAMOIS. (1893 - 1894).

TABLE DES CHAPITRES

CHAPITRE PREMIER

CHAPITRE VI

CHAPITRE VII

CHAPITRE VIII

CHAPITRE IX

CHAPITRE X

CHAPITRE XI

TABLE DES PLANCHES

CARTE

TABLE DES GRAVURES

ET DES PLANS